Alexander Goeb

Er war sechzehn, als man ihn hängte

Das kurze Leben des Widerstandskämpfers Bartholomäus Schink

Bearbeitung
für Deutsch als Fremdsprache
von Rita Quittek

Ernst Klett Verlag

Lesen leicht gemacht

Eine Reihe für Deutschlernende im In- und Ausland
Herausgegeben von Rita Quittek

Alexander Goeb, geb. 1940, wollte, wie er sagt, „schon immer Journalist werden, aber das war gar nicht so einfach". Kein Schulabschluß, zweimal dieselbe Klasse wiederholt. Also hat er erst einmal eine kaufmännische Lehre in einem Zeitungsverlag gemacht. Irgendwann durfte er seinen ersten Zeitungsartikel schreiben. Dann verschiedene Tätigkeiten als Hilfsarbeiter, Werbetexter und Journalist. Heute lebt er als freier Journalist und Autor in Köln.

Die Originalausgabe dieses Buches erschien im Rowohlt Taschenbuch Verlag GmbH, rororo panther 4768, Reinbek bei Hamburg 1981.

Für die Vereinfachung des Wortschatzes diente als Grundlage: Heinz Oehler, Grundwortschatz Deutsch – Essential German – Allemand fondamental, Klettbuch 5196

ISBN 3-12-559320-4

1. Auflage 1 5 4 3 2 1 | 1989 88 87 86 85

Alle Drucke dieser Auflage können im Unterricht nebeneinander benutzt werden.
Die letzte Zahl bezeichnet das Jahr dieses Druckes.

Zeichnungen und Vignetten: Svato Zapletal, Hamburg.
Druck: Stuttgarter Druckerei GmbH, Stuttgart.
Printed in Germany.

Inhalt

Zu diesem Buch

Dieses Buch erzählt die Geschichte von Bartholomäus Schink, genannt Barthel, und seinen Freunden, die während der Zeit des Nationalsozialismus (1933–1945) verfolgt und ermordet wurden. Sie hatten Widerstand geleistet, und das ist in einer Diktatur lebensgefährlich. Barthel, der im Kölner Arbeiterviertel Ehrenfeld lebte, war Mitglied einer von den Nationalsozialisten verbotenen Jugendgruppe. Mit neun Jahren hatte er zum ersten Mal an einem ihrer Treffen teilgenommen.

das Edelweiß

Edelweißpiraten nannten sich die jungen Leute, nach einer Blume, die hoch in den Bergen wächst. Barthel hatte von den Edelweißpiraten gehört. Ihre Kleidung gefiel ihm. Und es gefiel ihm auch, daß sie gegen die Hitlerjugend waren, daß sie bei den Nazis nicht mitmachen wollten. Mehr war am Anfang wohl nicht.

Die Edelweißpiraten hatten keine festen politischen Vorstellungen, sie hatten kein politisches Programm. Sie sahen nur, wie die Nationalsozialisten ihre Gegner behandelten. Sie sahen, was sie mit den Juden und mit den Zwangsarbeitern machten. Sie erlebten den Krieg, in dem so viele Menschen sinnlos sterben mußten. So wollten sie nicht leben. Nicht mit Krieg und Gewalt, Verfolgung und Ermordung unschuldiger Menschen.

So waren die Edelweißpiraten meistens gekleidet:

Manchesterhosen und Jacken mit vielen Reißverschlußtaschen, buntkarierte Hemden, weiße Kniestrümpfe, schwere Stiefel, ein Fahrtenmesser am Gürtel. Und das Edelweiß auf oder unter dem Jackenkragen.

Bartholomäus Schink

1937
Lagerfeuer im Königsforst

„Sieh dir das an!" Barthel stieß seinen Freund Bubes in den Rücken und *blickte* staunend um sich. „Das ist aber ein großes Ding hier." Er stieß mit der Schuhspitze einen Stein in den See. „Hättest du das gedacht, Bubes?"
5 Bubes schüttelte ebenso staunend den Kopf. Um den See herum, hier am Königsforst, waren ein paar hundert Jungen und Mädchen versammelt. Sie hatten sich zu vielen Gruppen und Grüppchen zusammengefunden, und überall war mindestens einer mit einer Gitarre dabei.
10 Barthel und Bubes gingen staunend umher. Und plötzlich war es passiert: Barthel lag auf dem Boden. Aber nur für Sekunden. Er sprang sofort wieder auf und drehte sich wütend um. „Wer war das?"
Er sah in ein rundes Gesicht mit feuerrotem Haar darüber.
15 Der Kerl lachte ihn auch noch an! Seine Nase war breit und flächig, er sah aus, als ob er jeden Kampf wagen würde. Barthel mußte feststellen, daß der Kerl mindestens zwei bis drei Köpfe größer war als er und beinahe doppelt so alt. Barthel war gerade erst neun geworden.
20 „Tag, ihr *Zwerge*", sagte der Kerl, „setzt euch."
Barthel war immer noch wütend. „Wir sind keine Zwerge, merk dir das, du dicker *Riese*," antwortete er mutig und war bereit zu verschwinden, wenn es gefährlich werden sollte. „Wenn ich ein paar Jahre älter wär, dann könntest
25 du jetzt deine Knochen einsammeln, klar?"

---

blicken – sehen; schauen
der Zwerg – hier: kleiner Mensch
(riesig) der Riese – hier: großer Mensch

Der Rothaarige lachte über das ganze Gesicht. Dann fragte er: „Wie heißt ihr denn?"
Barthel wollte es erst nicht sagen. Schließlich sagte er doch: „Barthel – Bartholomäus Schink. Und das ist der
30 Bubes."
„Aha, Barthel und Bubes. Also, dann setzt euch mal. Wollt ihr eine Limonade?"
Barthels Wut war weg. Sie setzten sich zu der Gruppe, und da sie jetzt nicht mehr so stark beobachtet wurden,
35 konnten sie sich in Ruhe umsehen. Mehrere Jungen und zwei Mädchen saßen um das Lagerfeuer herum. Ringsum brannten viele andere Feuer. Erst jetzt bemerkte Barthel, wie die Jungen aussahen. Einige hatten zerrissene Hemden. Einer hatte sich sein Taschentuch um die Hand
40 gebunden. Und der Junge neben dem Rothaarigen, der beinahe ebenso breit wie groß war, kühlte sich das eine Auge.
„Mann, was ist denn mit euch passiert?" fragte Barthel, während Bubes schon die zweite Limonadenflasche auf-
45 machte.
Der Rothaarige nahm die Gitarre, die neben ihm lag, und sah Barthel an: „Frage eins: Was hältst du von der Hitlerjugend*?"
Barthel brauchte gar nicht nachzudenken: „Nichts."
50 „Siehst du," sagte der Rothaarige, „wir auch nicht. Das sind ganz *feige* Kerle. Hierher wagen sie sich nicht, aber drüben, im Wald, da *lauern* sie den Kleinen *auf* und denen, die allein hierher kommen und dann schlagen sie sie zusammen. Nicht mal die Mädchen lassen sie in
55 Ruhe."
„So gemein sind die?" fragte Barthel.

---

feige – nicht mutig
jemandem auflauern – in böser Absicht auf jemanden warten

„Ja", sagte der Rothaarige, „und deshalb mußten sie heute mal richtig *Prügel* kriegen."
Er schwieg und spielte ein paar Akkorde auf der Gitarre.
60 „Hat gut *geklappt*", sagte einer von hinten. Barthel sah einen Jungen, der riesige Hände hatte, beinahe so groß wie eine Bratpfanne, obwohl er nicht sehr groß war.
„Der ist *Schmied*", erklärte der Rothaarige. „Und der daneben, das ist der Hans, der ist Boxer."
65 Wir haben hier alle ganz schön kräftige Fäuste. Tja – vorhin haben wir glücklicherweise den Führer der HJ-Gruppe, den Wallmeier, gleich mit *erwischt*, der hatte sich zusammen mit den anderen versteckt, um unseren Leuten aufzulauern. Die haben ordentlich Schläge gekriegt.
70 Einige werden wohl für ein paar Wochen ins Krankenhaus müssen. Wir haben gesehen, wie sie mit Autos abgeholt wurden. Manche konnten nicht mehr laufen ..."
Je länger der Rothaarige sprach, desto mehr wurde er von Barthel und Bubes *bewundert*. Mann, sind das Kerle! Und
75 sie beide gehörten jetzt dazu.
Wenn er sich so umguckte, dann kam Barthel sich allerdings etwas ärmlich vor in seiner einfachen Hose und dem gelben Hemd. Fast alle waren toll gekleidet. *Manchester-*

der Schmied

(verprügeln) die Prügel – Schläge
(klappen) es klappt – es gelingt
erwischen – hier: fangen und verprügeln
jemanden bewundern – viel Achtung vor jemandem haben
die Manchesterhose – Cordhose

hosen und Jacken mit vielen *Reißverschlußtaschen,* bunt-
80 karierte Hemden, weiße *Kniestrümpfe,* einige auch schwere *Stiefel.* Und fast alle hatten ein *Fahrtenmesser* am *Gürtel.* Die Kleidung hatte Barthel schon gleich zu Anfang sehr gefallen. Das war doch was anderes als dieses langweilige Braun von der Hitlerjugend. Der
85 Rothaarige merkte, wie Barthel sie staunend immer wieder ansah.

„Nun reden wir mal nicht mehr von den Nazis*," sagte er.

„Die kriegen uns nicht klein. Seht mal her." Er hob den
90 *Kragen* seiner Jacke hoch. Dahinter war eine weiße getrocknete Blume befestigt. „Wißt ihr, was das ist?"

„Na, 'ne Blume, sieht man doch", sagte Barthel.

„Ja, aber welche Blume? – Das ist ein *Edelweiß,* das müßt ihr euch gut merken! Wir nennen uns Edelweißpiraten."

95 Der Rothaarige sprach jetzt mit den anderen Großen. Barthel ließ sich ins Gras fallen und blickte in den Himmel.

❋

Wo und wie steht das im Text?

a) Barthel und Bubes sind zum ersten Mal bei einem Treffen der Edelweißpiraten.

b) Barthel ist neun Jahre alt.

c) Die Edelweißpiraten sind gegen die Hitlerjugend.

d) Barthel und Bubes bewundern die Kraft und den Mut der Edelweißpiraten.

e) Durch ihre Kleidung unterscheiden sich die Edelweißpiraten auch äußerlich von den Angehörigen der HJ. (Sehen Sie dazu die Zeichnung, Seite 5.)

Haben Sie den Eindruck, daß Barthel und Bubes aus politischen Gründen an dem Treffen dieser Jugendlichen teilnehmen?

❋

Eine Woche war es her, daß der HJ-Führer Wallmeier und seine Leute ihre Prügel bekommen hatten. Barthel wollte unbedingt wieder zusammen mit Bubes zu dem Treffen
100 der Edelweißpiraten im Königsforst. Obwohl ihnen der Rothaarige zum Abschied gesagt hatte, daß es heute gefährlich werden könnte, die Hitlerjugend würde *sich* bestimmt *rächen*.
Sie hatten sich für einen Treffpunkt auf der anderen
105 Rheinseite entschieden, um diesmal auf einem geheimen Weg zum See zu wandern. Sie waren eine Gruppe von ungefähr zwanzig Leuten, einige davon gingen zu Fuß, andere fuhren mit dem Fahrrad die Rösrather Straße entlang in Richtung Forst.
110 Unterwegs stieg einer der Größeren vom Rad und ging auf eins der kleinen Reihenhäuser zu, die an der Rösrather Straße standen. Mit Milch und einer großen Tüte Brötchen kam er zurück. Er hob die Sachen hoch und sagte: „Das ist für uns."
115 Einige fanden das gar nicht gut. *Klauen?* Dazu noch bei den armen Leuten. Denn hier wohnten nur arme Leute.
Aber der Junge erklärte gleich: „Wir klauen doch nicht bei denen! Das haben die Leute extra für uns hingestellt. Die wissen, daß wir immer Hunger haben. Wir können das
120 ruhig wegnehmen."
Warum die Leute denn nicht die Tür öffneten und ihnen die Milch und die Brötchen persönlich gaben, wollte einer wissen, der wohl auch noch nicht lange dabei war.
„Das ist so", antwortete der Junge. „Die Leute haben
125 Angst. Die denken, die Edelweißpiraten, die sind bei den Nazis nicht gern gesehen, deshalb ist es besser, wenn wir so direkt nichts mit ihnen zu tun haben."

---

sich rächen – hier: auf die Prügel mit Prügeln antworten
klauen – stehlen

Schließlich hatten sie den Königsforst erreicht. Der zweite Treffpunkt war die Bonbon*bude*. Der Besitzer der Bude
130 sollte in Ordnung sein, hieß es. Der schenkte einem schon mal ein Eis, und zum Dank dafür spielten die Edelweißpiraten ihm manchmal ein Lied auf der Gitarre vor. Um die Bude herum waren schon viele Jungen und Mädchen versammelt. Aber der Bonbonbuden-Besitzer war nicht zu
135 sehen.
Gerade als sich Barthel und Bubes zusammen mit einigen anderen auf die Suche nach ihm machen wollten, Barthel mit seinem neuen Edelweiß an der Jacke, ging es los: Von allen Seiten kam Polizei aus dem Wald. Uniformierte mit
140 Hunden, Leute *in Zivil*, einige in SS-Uniform, mit dem *Totenkopf* am Kragen. Barthel erhielt einen Stoß in den Rücken, ein Uniformierter *brüllte* ihn *an*: „Mach, daß du wegkommst, du ..." Ein Kerl in langem Ledermantel jagte den Rothaarigen vor sich her in einen bereitstehenden
145 Lastwagen.
„Mensch, sind die verrückt geworden!" sagte Barthel zu Bubes. „Was haben wir denn gemacht?"
Sie sahen, wie SS-Leute* mit dem *Knüppel* einfach zuschlugen.
150 „Lieber Himmel", sagte Bubes, „vielleicht denken die, wir sind lang gesuchte Diebe."
„Glaub ich nicht", meinte Barthel.
Als sie merkten, daß einige ältere Jugendliche von der HJ auf sie zuliefen, rannten sie in verschiedene Richtungen
155 davon.

der Totenkopf

die Bude – hier: Verkaufshäuschen; Kiosk
(der Zivilist) in Zivil – nicht in Uniform
(an-)brüllen – sehr laut (an-)schreien
der Knüppel – der Stock

Barthel konnte seine Verfolger nicht loswerden. Schließlich blieb ihm nur eine Entscheidung: entweder sich zusammenschlagen zu lassen oder in den Rhein zu springen. Und er sprang in den Rhein, schwamm auf die
160 andere Seite. Am anderen Ufer war keine HJ.

*

Können Sie auf Barthels Frage: „Was haben wir denn gemacht?" eine Antwort geben?

(Zu Ihrer Erinnerung: 1937 waren die Nationalsozialisten seit vier Jahren an der Macht. Die HJ war die einzige erlaubte Jugendorganisation in Deutschland.)

*

An diesem Abend kam Barthel pünktlich nach Hause, obwohl er das eigentlich gar nicht gedacht hatte. Die Mutter mußte ihn vor dem Vater verstecken, so schlimm, wie Barthel aussah. Wenn der Vater das merkte, konnte es
165 böse für ihn werden. Denn Barthel hatte wieder gegen die Ordnung gehandelt. Und dem Vater war die Ordnung wichtig. Er meinte, nur so könnte man im Leben etwas erreichen.
Barthels Vater war früher einfacher Arbeiter bei der Post
170 gewesen. Aber durch seinen Fleiß und seine Pünktlichkeit hatte er es geschafft, Postbeamter zu werden. Darauf war er sehr stolz. Mit Politik wollte er nichts zu tun haben, sagte er immer wieder. Das war für ihn etwas Unordentliches, da machte er nicht mit, egal, ob es sich um die
175 Sozialdemokraten, die Kommunisten oder um die Nazis handelte. So hatte er im Leben etwas erreicht, wie er meinte. Besonders gut ging es ihnen ja nicht, mit sechs Kindern. Aber immerhin, sie konnten leben.

Barthel war heute zum erstenmal mit der Staatsmacht
180 zusammengestoßen, und er wußte, daß das für den Vater
ein großes Verbrechen war. Die Mutter wußte es auch.
Deshalb half sie ihm. Er war froh darüber, denn der Vater
hatte früher auch geboxt, er schlug noch heute fest zu.

*

Beurteilen Sie bitte die Haltung von Barthels Vater zur Politik. – Sie ist...

a) vernünftig	*b) feige*	*c) egoistisch*
d) vorsichtig	*e) unüberlegt*	*f) klug*

1937
Der erste Prozeß

In den nächsten Wochen war es bei den Edelweißpiraten
sehr still. Der Rothaarige und einige andere waren einfach
verschwunden. Niemand wußte, wo sie waren. Manche
hatten Angst bekommen und unternahmen nichts mehr,
5 andere waren mutiger und fragten auf dem *Polizeirevier*
nach den Freunden. Aber die Polizisten antworteten nicht
und blätterten gelangweilt in ihren Papieren.

---

das Polizeirevier – Dienststelle der Polizei

Nach etwa sechs Wochen hieß es plötzlich, es sollte ein *Prozeß* stattfinden gegen staatsfeindliche Jugendliche. Zwanzig Namen wurden genannt. Der Rothaarige war dabei und Hans. Sie sollten die Anführer sein, wurde erzählt. Ein paar Edelweißpiraten gingen zum Gerichtsgebäude am Appellhofplatz, wo die Verhandlung stattfand. Aber nur Nazis durften daran teilnehmen. Von den Edelweißpiraten durfte niemand hinein.

Später begegneten Barthel und Bubes Sonni. Die wußte nun genau, was passiert war, denn der Vater von Hans war Nazi und hatte Zutritt gehabt. Nach der Gerichtsverhandlung war Sonni sofort zu ihm gegangen und hatte ihn nach Hans gefragt. Aber der Mann hatte nicht geantwortet. Er war einfach in sein Schlafzimmer gegangen, hatte seine Uniform ausgezogen und Zivil angezogen. Dann hatte er ganz still gesagt: „Der hatte einen viereckigen Kopf und keine Zähne mehr. Das Gesicht war schwarz und blau." Sonni hatte ihn erst nicht verstanden und gedacht, der wäre plötzlich nicht mehr richtig im Kopf. Aber dann hatte sie begriffen, daß er seinen Sohn, den Hans, meinte, und auch die anderen.

Der Mann hatte noch gesagt: „Man konnte sehen, daß die Jungen fast totgeprügelt worden sind. Sie mußten alle noch einmal *aussagen*. Der Richter war in Ordnung, er glaubte den Gestapoaussagen* nicht. Auf die Frage des Richters, ob sie gut behandelt worden seien, sagten alle Jungen, jawohl, obwohl man sehen konnte, daß das nicht stimmte. Sie haben drei Monate Gefängnis gekriegt ..."

---

der Prozeß – Gerichtsverhandlung
(die Aussage) aussagen – vor Gericht erzählen

„Was weißt du von dem Prozeß, Sonni?" So oder ähnlich werden Barthel und Bubes das Mädchen gefragt haben. Und Sonni erzählt,
a) daß sie ...
b) daß der Vater von Hans ...
c) daß Hans und die anderen ...
d) daß der Richter ...
Vervollständigen Sie bitte die Sätze.

Können Sie sich vorstellen, wie Barthel und Bubes zumute ist, nachdem sie Sonnis Bericht gehört haben?

1938
Der Frisör Spieroth

Spieroth ließ mit dem rechten Fuß den Rasiersessel, auf dem Barthel Platz genommen hatte, in die Höhe fahren. „Was darf es denn sein?" fragte er. Und Barthel antwortete wie jedesmal: „Haarschnitt, aber nicht zu kurz."
5 „Wird gemacht", sagte Spieroth. Er wußte, daß Barthel am liebsten überhaupt nicht zum Haareschneiden käme, vor allem, seit er zu den Edelweißpiraten gehörte. Barthel hatte ihm davon erzählt. Jetzt wollte er erst recht nicht mehr mit kurzen Haaren herumlaufen wie ein kleines
10 Kind. Aber Haareschneiden mußte sein. Der Vater wollte es, weil er der Meinung war, daß zu einem ordentlichen Jungen ein ordentlicher Haarschnitt gehörte. Und ein ordentlicher Haarschnitt mußte kurz sein. Alles andere gefiel dem Vater nicht.

15 Barthel hatte zusammen mit dem Frisör Spieroth ausprobiert, wie wenig man abschneiden konnte, damit es zu Hause keinen Ärger gab. Spieroth schnitt auch den Eltern und den älteren Geschwistern die Haare. Er war ein guter Freund der Familie, und seine Preise waren so niedrig,
20 daß die Mutter auch Barthel zu ihm schickte – gab es doch sonst immer Streit wegen der Länge.
Spieroth schnitt an Barthels Haaren herum, während der genau in den Spiegel sah. Er würde sofort das Stoppzeichen geben, wenn Spieroth aus Versehen zuviel
25 abschneiden sollte.
„Wie geht's bei euch zu Hause?" fragte Spieroth.
„Es geht", sagte Barthel, „ich bin froh, wenn endlich Weihnachten ist. Ich hab mir nämlich eine Gitarre gewünscht. Aber ich glaube nicht, daß ich eine kriege, die sind näm-
30 lich teuer. Bin ich froh, wenn ich erst mal selbst Geld verdiene!"
Spieroth lachte: „Stell dir das nicht so einfach vor mit dem Geldverdienen. Erst einmal mußt du etwas lernen. Was willst du denn überhaupt werden?"
35 Barthel war für einen Moment still. So genau hatte er noch nicht darüber nachgedacht. „Vielleicht *Förster*. Oder Cowboy. Aber Cowboys gibt es ja leider hier nicht!"
„Mein lieber Barthel", Spieroth ließ den Rasiersessel nach unten fahren, „du hast ja Pläne!"
40 „Na und", sagte Barthel, guckte in den Spiegel und prüfte die neue Frisur. „Am liebsten würde ich überhaupt Edelweißpirat von Beruf."
„Das geht aber nicht. Der Beruf wäre übrigens bei Hitler nicht so gern gesehen."
45 „Ist mir egal, ich weiß nichts anderes."
„Na, du hast ja auch noch etwas Zeit."

Der Förster sorgt für den Wald.

„Onkel Spieroth? Ich habe noch eine andere Frage."
Spieroth bürstete Barthel ein paar Haare von der Schulter.
„Ja?" sagte er lächelnd.
„Onkel Spieroth, was haben die Nazis eigentlich gegen euch Juden?"
„Na ja", begann er langsam, „also der Hitler und die anderen sagen, wir Juden sind Untermenschen, böse, gemein und gefühllos . . ."
„Aber das ist doch *Quatsch,* das sieht man doch an dir, Onkel Spieroth, du bist in Ordnung. Aber trotzdem kommen die Nazis nicht zu dir zum Haareschneiden."
„Ja, ich weiß, manche würden vielleicht kommen, aber sie wagen es nicht. Ihre Partei sagt, zu Juden geht man nicht. Sie behaupten, wir sind an allem Unglück Deutschlands schuld."
Spieroth ging in das Hinterzimmer, kam kurz darauf zurück und hielt Barthel einige Metallstücke hin. „Weißt du, was das ist?"
„Orden", sagte Barthel.
„Genau, Orden, Das ist das *EK I,* also *das Eiserne Kreuz Erster Klasse,* das ist das *EK II,* und das hier ist das Verwundetenabzeichen."
Barthel staunte: „Wo hast du die denn her?"
„Die haben sie mir *im Weltkrieg* gegeben. Ich habe für Deutschland gekämpft, weil Deutschland meine Heimat ist."
„Mensch! Und die sagen immer, die Juden wären feige. Und ihr wärt gar nicht richtige Deutsche."
„Tja, das sagen die Nazis."

das EK I

(der) Quatsch – Unsinn
Das Eiserne Kreuz Zweiter Klasse (EK II) und dann *Erster Klasse (EK I)* erhielt ein Soldat für besonderen Mut.
im ersten Weltkrieg (1914–1918)

„Ach, Onkel Spieroth, laß doch. Auch wenn die Nazis nicht zu dir kommen, Frisöre werden doch immer gebraucht. Du stehst jetzt unter dem Schutz der Edelweißpiraten."
80 „Danke, Barthel, das freut mich. Nur ..."
Aber Barthel rannte schon zur Tür hinaus, denn es war später geworden, als er gedacht hatte.

*

Wo und wie steht das im Text?
a) Der Frisör Spieroth ist mit Barthels Familie befreundet.
b) Er ist Deutscher.
c) Er ist Jude.
d) Mitglieder der nationalsozialistischen Partei dürfen jüdische Geschäfte nicht mehr betreten.
e) Die Partei verbreitet bösartige Behauptungen über die Juden.
f) Barthel glaubt diese Behauptungen nicht.
g) Er ist gegen die Nazis und für Spieroth.

*

Einige Tage danach, am Abend des 9. November 1938, saß die Familie Schink in der Küche beim Essen. Plötzlich
85 wurde es draußen furchtbar laut. Fensterscheiben klirrten, Lärm, Schreie und Gebrüll. Es mußte ganz in der Nähe sein. Barthel ließ den Löffel fallen, sagte noch: „Bis gleich!" und sprang dann zwei Stufen auf einmal die Treppe hinunter. Hinter sich hörte er den Vater irgendwas
90 von Prügel und *Ohrfeigen* rufen. Aber das war ihm im Augenblick egal, er mußte wissen, was da geschah.

---

die Ohrfeige – Schlag ins Gesicht (auf die Wange)

Auf der Straße sah Barthel, daß einige Häuser weiter Möbel aus einem Fenster gestürzt wurden. Viele Leute standen herum, einige in SS-Uniform, aber auch Zivili-
95 sten. Jedesmal, wenn wieder ein Stuhl, ein Bild oder ein Schrank auf die Straße schlug, brüllten die Leute: „Juden raus!" – „Jagt die Mörder davon!"
Barthel ging weiter. Plötzlich kam ihm ein Gedanke. Die werden doch wohl nicht... Er fing an zu laufen. Schon von
100 weitem sah er eine Menschenmenge vor Spieroths Laden. Auch hier brüllten sie: „Schlagt die Mörder tot!"
Barthel fühlte, wie ihm das Blut in den Kopf schoß. Vor dem Frisörgeschäft sah er etwas liegen. Als er näherkam, erkannte er Spieroth. An seinen grauen Haaren klebte
105 Blut. Da *drehte* Barthel *durch.* Er schrie, als hätte man ihn selbst geschlagen: „Ihr Schweine, das ist mein Onkel Spieroth, laßt ihn in Ruhe, ihr Mörder, warum hilft ihm denn niemand, der hat doch nichts Böses getan..."
Ein SS-Mann brüllte Barthel an: „Verschwinde, du
110 Dummkopf!" Von den Zivilisten rührte sich keiner. Einige, die Barthel kannte, blickten zur Seite.
Barthel dachte kurz nach, rannte zurück nach Hause. Ich muß den Vater holen, dachte er nur, der wird Spieroth helfen.
115 Auf halbem Weg sah er den Vater schon kommen. Von weitem rief Barthel ihm zu: „Komm schnell, sie *erschlagen* Spieroth!" Er zog ihn mit sich vor das Frisörgeschäft. Der Vater sah den alten Mann am Boden liegen, blickte sich um, sah in die Gesichter der herumstehenden Leute. Dann
120 nahm er den Sohn an der Schulter und drängte ihn weg. „Wir können nichts tun", sagte er zu Barthel. „Wir können nichts tun."

---

durchdrehen – hier: fast den Verstand verlieren
erschlagen – totschlagen

„Aber Vater, wir müssen was tun, Spieroth stirbt sonst! Er hat doch nichts getan. Er hat mir vor kurzem noch seine
125 Kriegsorden gezeigt, er hat für Deutschland gekämpft, und jetzt schlagen sie ihn tot!"
„Ich weiß, ich weiß..." antwortete der Vater hilflos, „und ich sag dir jetzt etwas, was ich noch keinem gesagt habe: Die Nazis sind Mörder und Verbrecher. Wenn wir jetzt da
130 was machen, dann *sperren* sie uns alle *ein*."
Sie gingen nach Hause.
Der alte Spieroth wurde fortgetragen. Er wurde nie wieder gesehen.
Barthel weinte viele Stunden lang. Niemand konnte ihn
135 beruhigen. Die Mutter versprach ihm eine Gitarre, aber auch das half nichts.
In dieser Nacht beschloß Barthel, seinen Freund Spieroth zu rächen. Bevor er endlich einschlief, sagte er leise: „Sie werden dafür bezahlen."

*

1. Am Abend des 9. November 1938. Der Frisör Spieroth wird erschlagen. –
Barthels Vater sagt dazu: ...
Barthel sagt dazu: ...
Können Sie diese unterschiedlichen Haltungen verstehen?

2. Bevor Sie das nächste Kapitel lesen, lesen Sie bitte die Erklärungen zu den Begriffen Judenverfolgung (Seite 103), „Reichskristallnacht" (Seite 107) und Rassenkunde (Seite 106). Informieren Sie sich auch über die Ereignisse von 1938–1943 in der Zeittafel, Seite 108.

---

einsperren – hier: ins Gefängnis bringen

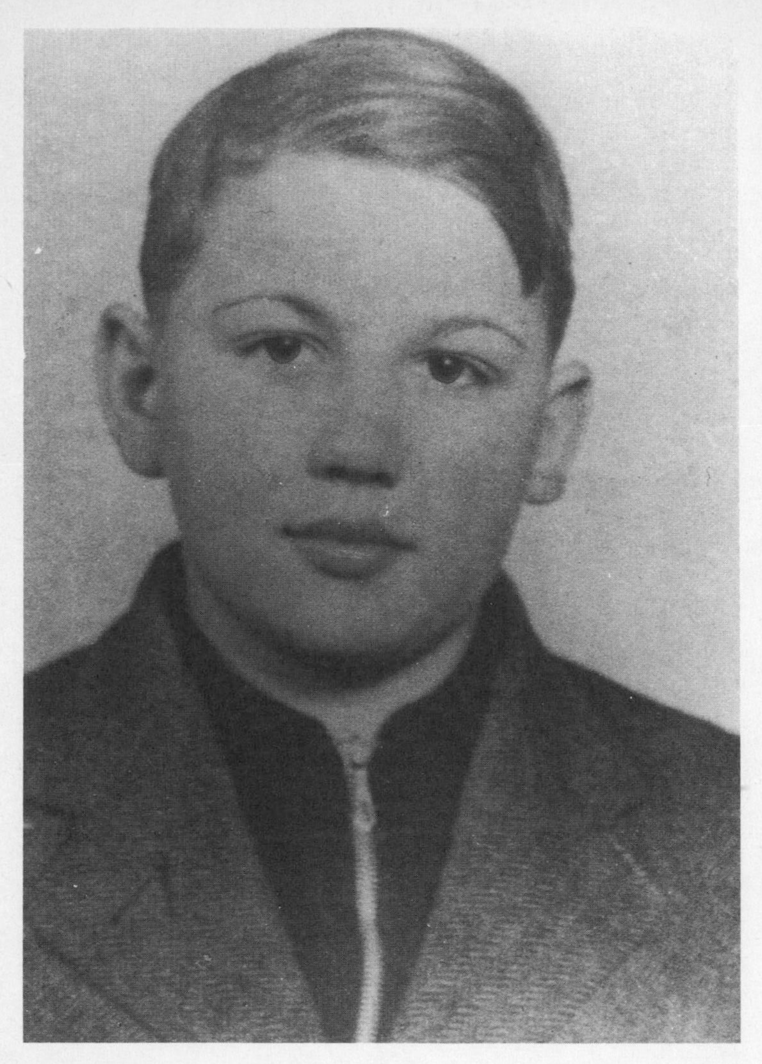

Günther Schwarz, genannt Büb

1943
Unterricht in Rassenkunde

Büb lag auf dem Sofa und rauchte eine Zigarette. Sein Gesicht sah schlimm aus.
Das rechte Auge war blau angelaufen, die linke Wange so dick, als hätte er einen Pingpongball in den Mund
5 gesteckt. Doch für ihn war sein Aussehen ein Zeichen des Sieges. Früher hätte Büb anders darüber gedacht. Seit er jedoch zu den Edelweißpiraten gehörte und vor allem, seit er Barthel Schink kannte, hatte er sich verändert, war er sicherer geworden.
10 Büb befühlte seine Wange und dachte an den heutigen Morgen zurück. Sie hatten Unterricht in *Rassenkunde* gehabt. Plötzlich hatte der Lehrer, ein Nazi, ihn nach vorn gerufen, sich dann an die Klasse gewandt und gesagt: „So sieht ein *Halbjude* aus." Büb mußte einige Minuten lang
15 vor der Klasse stehen, ohne sich zu rühren, während der Lehrer seine Erklärungen gab. Es kam ihm furchtbar lang vor, bis er schließlich hörte: „Setzen, Schwarz..."
In der Pause auf dem Schulhof ging es dann weiter. Etwa zehn Jungen aus seiner Klasse standen um ihn herum.
20 „Na, du Judenjunge", sagte einer von ihnen. „Noch ein paar Jährchen, dann bringst du bestimmt auch kleine deutsche Babys um oder schneidest ihnen die Ohren ab, stimmt's, du Judenschwein?"

---

die Rasse – (Menschen) einer Art und Abstammung
die Rassenkunde – Schulfach zur Zeit des Nationalsozialismus
der Halbjude – Nach nationalsozialistischen Gesetzen galt ein Mensch als Halbjude, wenn nur ein Elternteil Jude/Jüdin war, als *Volljude,* wenn beide Elternteile Juden waren.

Dann trat ihn ein anderer in den Hintern, und ein dritter schlug ihm ins Gesicht. Erst wollte Büb sich nicht verteidigen, denn es war von Anfang an klar, daß er gegen so viele verlieren mußte. Aber dann wurde er wütend, und er schlug wild um sich. Wer in der Nähe stand, wurde von seinen Fäusten getroffen. Einige brüllten und schrien. Aber dann taten sie sich zusammen und schlugen gemeinsam auf ihn ein. Ein paar aus der Klasse, die sonst immer seine Freunde gewesen waren, *befreiten* ihn schließlich. Aber richtig halfen auch sie ihm nicht. Einige entschuldigten sich später bei ihm für die anderen. Das fand Büb schon ganz gut. Aber mehr taten sie eben nicht.

Büb zog an seiner Zigarette. Die Tante sah es sonst gar nicht gern, wenn er rauchte. Aber heute sagte sie nichts dazu.

Büb drehte den Brief, der heute mit der Post gekommen war, zum soundsovielten Mal hin und her. Auf der Rückseite war das *Hakenkreuz.* Das konnte nichts Gutes bedeuten. Er und sein Bruder Wolfgang würden wahrscheinlich längst nicht mehr hier in Ehrenfeld wohnen, wenn sie nicht seit dem Tod der Mutter vor vier Jahren von der Tante beschützt worden wären. Denn ihr Vater war nicht nur Jude, er war auch Kommunist. Ihm war vor einigen Jahren, bevor die Nazis ihn in ein Lager bringen konnten, die Flucht nach Holland gelungen.

das Hakenkreuz

Die Tante war auch schon einmal in ein Lager gebracht worden. Aber sie hatten sie bald freigelassen. Nie wieder hatte sie mit den Jungen über Politik und über die Nazis gesprochen. Aber wie es in den KZ aussah, davon hatten sie inzwischen von anderen einiges gehört. Die Tante war keine Jüdin, aber sie war in der Kommunistischen Partei gewesen. Doch darüber sprach sie nicht mehr.

(die Befreiung) befreien – von fremder Gewalt frei machen

Hier in der Schönsteinstraße nannten sie ihn alle *Büb*, weil er der Kleinste war, bis auf den Fritz vielleicht. Aber der wohnte ein paar Straßen weiter und gehörte deshalb nicht zum inneren Kreis der Edelweißpiraten in ihrer Gegend.
60 Büb zündete eine neue Zigarette an. Das Rauchen hatte er sich in der letzten Zeit angewöhnt. Eigentlich war es unmöglich, als Sportler, als Fußballspieler zu rauchen. Aber seit er nicht mehr im Sportverein sein durfte, war ihm das egal. Fußballspielen durften sein Bruder und er
65 nicht mehr. Sie waren eben Juden, oder Halbjuden, mit einem Vater, der Volljude war.
Wolfgang und er hatten beobachtet, daß die Nazis seit einiger Zeit Juden *festnahmen* und in Eisenbahnwaggons abtransportierten. Seither hatten sie ein ziemlich ungutes
70 Gefühl. Wolfgang war zwei Jahre älter als Büb. Er war ein kräftiger Kerl, gerade achtzehn geworden. Er arbeitete bei der *Wehrmacht*. Mit seiner Bäckerlehre hatte er wegen des jüdischen Vaters nach eineinhalb Jahren aufhören müssen. Da er inzwischen einiges von Autos ver-
75 stand, konnten sie ihn bei der Wehrmacht gebrauchen, und keiner fragte, woher er kam. Weil er arbeitete, war Wolfgang nicht so häufig bei den Treffen der Edelweißpiraten dabei, außerdem riet er öfter zur Vorsicht. Er war nicht feige, aber er *überlegte* eben jede Sache drei- bis
80 viermal, und inzwischen hatten die anderen schon gehandelt.
Bis vor kurzem hatten er und Wolfgang sich noch ziemlich allein gefühlt. Sie hatten gemerkt, daß selbst die Jungen, mit denen sie früher befreundet gewesen waren, im Sport-

---

Büb von: *der Bube* – veraltet für: Junge
(die Festnahme) festnehmen – gefangennehmen, verhaften
die Wehrmacht – So hieß die deutsche Armee von 1935 bis 1945.
überlegen – über etwas nachdenken

85 verein zum Beispiel, von ihnen nichts mehr wissen wollten, als sie hörten, daß ihr Vater Jude war.
Jetzt war das anders. Bei den Edelweißpiraten gab es so etwas nicht. Da war jeder für jeden da. Da waren die Juden genau soviel wert wie die andern. Als sie zum
90 Beispiel Barthel kennenlernten und ihm erzählten, wer ihr Vater war und daß die Nazis ihn kürzlich in Holland *aufgehängt* hatten, da fing der fast an zu *heulen*. Und dann sagte er: „Warum erzählst du das? Wir wissen, daß die Nazis lügen. Und ich weiß genau, daß Juden in Ord-
95 nung sind, daß sie gute Kämpfer sind. Wir brauchen gute Kämpfer." Mann, das tat gut! Und tatsächlich wurde niemals ein schlechtes Wort über Juden gesagt. Zusammenhalten war der oberste Grundsatz. Er konnte sich noch gut daran erinnern, wie er das erste Mal mit Barthel, Bubes
100 und einem gewissen Heinz in die Breite Straße gegangen war. Dort gab es für 50 Pfennig ein gutes Mittagessen und man konnte ziemlich sicher sein, keine Nazis zu treffen. Sie wollten *Flugblätter* verteilen, mit Nachrichten über die Lage der *Front* im Osten. Und die sah für die Nazis nicht
105 gut aus. Nach dem Mittagessen verteilten sie gemeinsam die Flugblätter und machten dann, daß sie schnell wieder fortkamen.
Büb drückte die Zigarette aus und blickte wieder auf den Brief. Wolfgang kann ihn öffnen. Solche amtlichen Sachen
110 versteht er besser. Etwas Gutes kann es nicht sein.

---

aufhängen = erhängen – einem Menschen einen Strick um den Hals legen und ihn daran am Galgen aufhängen
heulen – weinen
das Flugblatt – (politische) Mitteilung auf einem Blatt Papier, das auf der Straße verteilt wird
die Front – das Kampfgebiet

Als Wolfgang nach Hause kam, öffnete er endlich den Briefumschlag. Nach einer Weile sagte er zu Büb: „Wir sollen uns melden, zum Transport in ein Lager."
„Die sind wohl verrückt! Da gehen wir doch nicht hin,
115 oder?"
„Genau", sagte Wolfgang, „da gehen wir nicht hin."
Einige Tage später stellten Büb, Wolfgang und die Tante fest, daß für die beiden Jungen keine Lebensmittelkarten*
mehr ausgegeben wurden. Für die Nazis gab es sie nicht
120 mehr. Und wen es nicht gab, der mußte auch nicht essen.

Lesen Sie dieses Kapitel noch einmal und notieren Sie bitte dabei

a) die schlimmen Erfahrungen, die Günther Schwarz und sein Bruder Wolfgang in der Zeit des Nationalsozialismus machen müssen.

b) die guten Erfahrungen, die dagegen stehen.

Ordnen Sie dann Ihre Notizen möglichst chronologisch.

1943
Lebensmittelkarten von der NSDAP

Die Nachmittagssonne schien schräg über die Dächer. Die kalte Luft hatte sich an diesem Tag etwas erwärmt. Barthel stand an der Mauer des *Bunkers* am Takuplatz und spielte auf seiner Gitarre. Er guckte in die Sonne und machte ein nachdenkliches Gesicht.

„Bubes", sagte er schließlich, „wir müssen mal wieder zum Märchensee, ins Grüne. Mensch, immer nur diese Mauern hier, das hält auf die Dauer keiner aus..."

Vorn um die Ecke kam Fritz de Plaat. Er war erst dreizehn und sollte eigentlich gar nicht bei den Edelweißpiraten mitmachen. Zu klein, hatten die anderen gemeint. Sie waren immerhin mindestens ein Jahr älter.

Einen halben Meter vor Barthel und Bubes blieb Fritz stehen. „Leute", rief er außer Atem, „wißt ihr das Neueste? Der Hitler hat verloren, in Stalingrad! Die Russen haben die gesamte 6. Armee zerschlagen. Was sagt ihr nun?"

„Mensch, Stalingrad", sagte Barthel, „wenn heute abend *Fliegeralarm* ist, müssen wir das im Bunker erzählen. Aber Vorsicht, klar? Die Leute werden sich wundern. Die reden immer noch vom Siegen. Draußen ist eine ganze Armee kaputtgegangen, und uns hier fallen schon die Bomben ins Wohnzimmer!"

„Ich habe noch etwas", sagte Fritz jetzt. „Im NSDAP-Büro Rochusstraße gibt's was zu fressen."

---

der Bunker – Gebäude mit dicken Mauern ohne Fenster. Im Krieg suchten die Menschen in Bunkern Schutz vor Bombenangriffen.

der Fliegeralarm – Warnung vor feindlichen Flugzeugen

„Wie, seit wann hat die NSDAP* in ihren Büros Lebensmittel, das wird ja immer schöner!", rief Barthel wütend.
„Quatsch", Fritz stand nun neben Barthel an der Mauer des Bunkers, „die haben eine Menge Lebensmittelkarten reingekriegt, um sie später zu verteilen. Das ist doch was für uns, oder?"
„Du meinst, wir sollten dort mal hingehen?"
„Klar."
„Gut", meinte Barthel. „Am besten gehen wir gleich diese Nacht hin, ehe sie die Marken wieder verteilt haben. Ich glaub nicht, daß die da nachts aufpassen."
„Nee, glaub ich auch nicht", sagte Fritz, nahm ein Taschentuch aus der Jacke und rieb sich das Gesicht trocken.
„Also, 23 Uhr 30, Rochusstraße." Barthel spielte wieder auf der Gitarre. Fritz lief weiter, Bubes verschwand auch.

Barthel dachte an den Abend. Die Lebensmittelmarken aus dem NSDAP-Büro, von denen Fritz erzählt hatte, würden eine große Hilfe sein. Die Edelweißpiraten sorgten inzwischen für viele Menschen, die keine Karten bekamen. Denn ohne diese Karten konnte man keine Lebensmittel kaufen. Die Marken darauf mußten einen *Stempel* haben, entweder vom Betrieb, in dem man arbeitete, oder von einer Dienststelle der NSDAP. Wer also nicht arbeitete oder *illegal* lebte, wie jetzt auch Büb und Wolfgang, dem ging es schlecht.

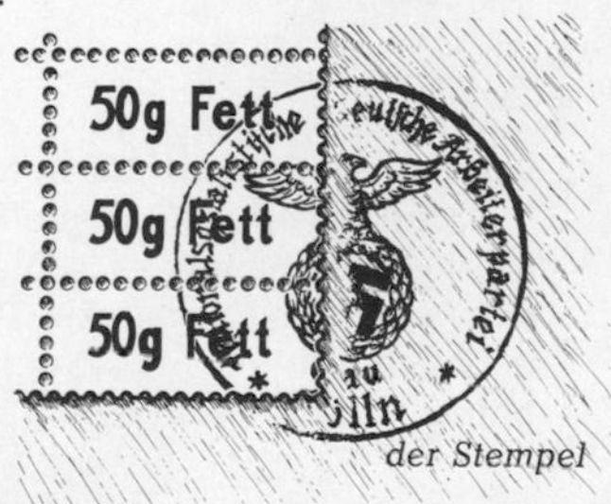

der Stempel

---

illegal – unerlaubt; verboten; hier: Die Papiere sind nicht in Ordnung.

Manchmal bekamen die Jungen um Barthel Schink auch Lebensmittel von Mitgliedern der illegalen Kommunistischen Partei. Einer von ihnen arbeitete in der sogenannten *Markenvernichtungsstelle*. Die in den Geschäften,
55 Restaurants und anderswo eingetauschten Marken wurden auf große *Papierbögen* geklebt. Dann wurden die Bögen in die Markenvernichtungsstelle gegeben. Der Mann, der sie vernichten sollte, sorgte dafür, daß immer einige Bögen zurückblieben. Die Marken wurden dann
60 später sorgfältig über Dampf von dem Papier gelöst und wieder gegen Lebensmittel eingetauscht.
Den größten Teil dieser Lebensmittel brachten die Edelweißpiraten *heimlich* in das Zwangsarbeiterlager am Vogelsanger Weg. Dort waren vor allem Polen und Rus-
65 sen, die aus den von den Deutschen besetzten Gebieten hierher gebracht worden waren. Ihnen ging es besonders schlecht. Eigentlich starben sie langsam dahin – leben konnte man das nicht mehr nennen. Die meisten Einwohner von Ehrenfeld kümmerten sich nicht darum, die hat-
70 ten genug eigene Probleme. Aber die Edelweißpiraten kannten seit einiger Zeit Leute aus dem Lager. Ein *blondes* Mädchen mit dem Namen Wanja war darunter. Immer wieder fragte Barthel sich, warum Wanja und die anderen so behandelt wurden. Weshalb gab man ihnen so gut wie
75 nichts zu essen? Weshalb mußten sie so weit von ihrer Heimat in einem fremden Land so schwer arbeiten?

---

vernichten – kaputtmachen; zerstören
die Markenvernichtungsstelle – hier: amtliche Stelle, die die Marken vernichtet
der Papierbogen – dickes Blatt Papier
heimlich – ohne das Wissen anderer
blond – hier: mit hellgelben Haaren

Um 23 Uhr 41 an diesem Abend schlugen Barthel, Bubes und Fritz in der Rochusstraße die Fensterscheiben des NSDAP-Büros ein. Erst schien alles gut zu gehen. Sie
80 nahmen die Kästen mit den neuen Lebensmittelmarken unter den Arm. Aber als sie gerade wieder durchs Fenster hinaus wollten, eilte ein Aufpasser in den Raum und fing laut an zu schreien. Bubes drehte sich um und schlug ihm mit dem Holzdeckel eines Kastens auf den Kopf, darauf
85 wurde der Mann still. Dafür war aber draußen jetzt ein furchtbarer Lärm: die ganze Nachbarschaft kam aus den Häusern gerannt. Barthel, Bubes und Fritz rannten an ihnen vorbei die Rochusstraße entlang. Aus den offenen Kästen flogen die Marken wie Papierschiffchen durch die
90 Luft. Barthel drehte sich um; niemand folgte ihnen. Die Leute hatten genug damit zu tun, so schnell sie konnten die Lebensmittelmarken aufzusammeln, um dann rasch wieder in den Wohnungen zu verschwinden. So konnten die drei fliehen.

Ob die Jungen wissen, wie gefährlich das ist, was sie tun? – Welche ihrer Handlungen würde die Gestapo wohl als „Verbrechen“ bezeichnen?

a) Daß sie Mitglieder einer verbotenen Jugendgruppe sind.
b) Daß sie negative Kriegsnachrichten verbreiten.
c) Daß sie illegal lebende Personen unterstützen.
d) Daß sie mit Mitgliedern der verbotenen kommunistischen Partei Kontakt haben.
e) Daß sie den Zwangsarbeitern Lebensmittel bringen.
f) Daß sie Lebensmittelmarken stehlen.

1943
Das Tänzchen im „Bösen Wolf"

das Grammophon

Die Gaststätte „Böser Wolf" war bis auf den letzten Platz besetzt. Heute durfte Musik gemacht werden; mit einer Sondererlaubnis. Das *Grammophon* lief dauernd, um die Tische drängten sich Leute aus der Nachbarschaft und 5 Soldaten auf der Durchreise, viele mit Verletzungen.
„Räder müssen rollen für den Sieg", sagte Barthel, der mit ein paar anderen Edelweißpiraten etwas weiter weg von den fröhlichen Gästen saß. „Wenn ich nur wüßte, was sich darauf reimt."
10 Barthel kaute an seinem Bleistift und sah vorsichtig zur *Theke*. Dort stand ein junger Soldat, den hier niemand kannte. Er nahm gerade einen kräftigen Schluck aus dem Bierglas. Der ist gar nicht so viel älter als ich, dachte Barthel. Ab und zu guckte der Soldat zu ihm herüber. Das 15 heißt, er guckte zum Nebentisch. Dort saß Gisela, ein Mädchen aus der Nachbarschaft. Sie sah wie immer gut aus, fand Barthel. An Gisela war eben alles dran. Dabei ist sie erst fünfzehn, fiel ihm ein.
Während Barthel weiter an dem Bleistift kaute, stieß er mit 20 dem Fuß gegen das Bein von Giselas Stuhl und gab ihr heimlich ein Zeichen.
Bubes neben ihm guckte gelangweilt an die Decke. Dann sagte er: „Schreib auf: ‚Köpfe werden rollen nach dem Krieg'."
25 „Wieso?" fragte Barthel erstaunt.
„Na, merkst du denn nichts, das reimt sich doch: Räder müssen rollen für den Sieg, Köpfe werden rollen nach dem Krieg. Klar?"

---

die Theke – langer Tisch in einer Gaststätte

„Wunderbar", sagte Barthel. „Jetzt haben wir es. Das wird
30 gut."
Gisela war inzwischen aufgestanden und zur Theke gegangen. „Hätten Sie mal Feuer für mich?" fragte sie den Soldaten.
Der ließ vor Schreck beinahe das Bierglas fallen. Dann
35 suchte er nervös in der Seitentasche seiner Uniformjacke. Es dauerte eine ganze Weile, bis er das Streichholz angezündet hatte und an Giselas Zigarette hielt.
Gisela ging nun aber nicht, sie blieb. Sie stützte den rechten Arm auf der Theke auf und hob ein Bein etwas an,
40 wobei ihr Rock sich ziemlich weit nach oben schob.
„Na," sagte sie, „was ist, wollen wir tanzen?"
Der Soldat schluckte. Dann faßte er Mut. „Sehr gern, Fräulein, sehr gern, darf ich bitten ..."
Er legte den Arm um Gisela und wollte sie gerade an sich
45 drücken und im Takt der langsamen Musik mit ihr lostanzen.
Da sagte Gisela kühl: „Moment mal, nicht so schnell, mein Junge, so wie du aussiehst, tanze ich nicht mit dir."
Der Soldat ließ *erschrocken* die Arme fallen. „Wieso",
50 sagte er unsicher, „wieso, was ist denn?"
„Für diesen Tanz bist du mir zu sehr Soldat,", antwortete Gisela.
Der Soldat wurde rot: „Ich ... ich verstehe nicht ..."
Gisela blickte ihn mit großen unschuldigen Augen an,
55 streckte den Zeigefinger aus und berührte sein *Koppel*. Dann sagte sie: „Du mußt schon das da abnehmen, daran verletzt man sich ja ..."
Der Soldat *atmete auf*. Er hatte schon gedacht, es wäre mit ihm irgendwas nicht in Ordnung. Er nahm das Koppel ab

das Koppel

---

erschrocken sein – Schreck empfinden
aufatmen – sich innerlich leichter fühlen

60 und hängte es an die *Garderobe.* „Darf ich denn jetzt bitten?" fragte er fröhlich, als er wieder vor ihr stand.
Gisela lächelte ihm zu und ließ sich in seine Arme gleiten. Häßlich ist er jedenfalls nicht, dachte sie, während der Soldat mit ihr durch den „Bösen Wolf" tanzte, ihr in die
65 Augen blickte, bis sie schließlich den Kopf an seine Schulter legte.
Der Soldat merkte nicht, daß zwei junge Männer, um nicht zu sagen zwei sehr junge Männer, inzwischen von ihrem Platz aufgestanden waren und durch das Gedränge und
70 den Rauch langsam in Richtung Ausgang gingen. An der Garderobe machte einer von ihnen eine schnelle Bewegung. Dann waren sie draußen.
In einem Hausflur in der Nähe holte Bubes die *Beute* aus der Jacke.
Pistole 08", sagte Barthel, „gut geölt, wie neu. Der Junge ist bestimmt ein ordentlicher Mensch."

die Pistole

Bubes *grinste.* Dann steckte er die Pistole wieder weg. „Komm", sagte er, „laß uns schnell mal in der Schönsteinstraße vorbeigehen. Ich habe Hunger, vielleicht hat Cilly
80 einen Topf auf dem Feuer..."

*

1. Wo und wie steht das im Text?
Die Nazis schicken immer weiter Soldaten, Waffen, Lebensmittel an die Front. Sie glauben immer noch, daß sie den Krieg gewinnen werden. Sie werden ihn aber verlieren. Und man wird sie als Kriegsverbrecher mit dem Tod bestrafen.

---

die Garderobe – An die Garderobe hängt man Mäntel, Jacken usw.
die Beute – hier: die geklaute Pistole
grinsen – breit lächeln

2. Welche Bezeichnungen treffen auf Gisela zu? – Sie ist
a) eine Nachbarin
b) eine Freundin
c) eine, die gern mit Soldaten tanzt
d) Nationalsozialistin
e) Edelweißpiratin
f) Sympathisantin

1943
Bomben-Hans kommt

Herbst 1943. Draußen war Nebel. In Cillys Wohnküche stand ein junger Mann vor dem Spiegel und rasierte sich sorgfältig um den schwarzen *Schnurrbart* herum. Vom Sofa her sah Cilly den Gast, der seit gestern bei ihr war, von oben bis unten an. Hans sollte nun bei ihr wohnen, so
5 war es mit ihrem Freund Heinz besprochen. Cilly blickte auf den großen, schlanken Jungen, auf dessen Rücken die Muskeln spielten, wenn er beim Rasieren die Haltung veränderte. Aus dem Radio tönte es: „Ich möchte ein kleines *Püppchen*, süß und reizend wie du..." Sie sah im
10 Spiegel, daß Hans grinste. Das tat er oft, besonders wenn es eigentlich gar keinen Grund dazu gab. Und den gab es in diesen Zeiten meistens nicht.

---

der Schnurrbart – bei Männern: Haar zwischen Nase und Oberlippe
(die Puppe) das Püppchen – Spielzeug für kleine Mädchen; hier: Bezeichnung für eine junge Frau

Cilly hatte Heinz im vorigen Jahr im Messelager kennen-
15 gelernt. Dort fanden manchmal *Versteigerungen* statt, vor
allem für Leute, deren Wohnungen durch Bomben zerstört
worden waren. Und bei einer dieser Versteigerungen
hatte Heinz geholfen. Er gehörte zu den *Häftlingen* aus
dem KZ* Buchenwald, die hier arbeiten mußten. Hans
20 war bei den Versteigerungen nicht dabei gewesen, weil er
eine andere Aufgabe hatte: Bomben *entschärfen.* Als er
aus dem KZ Buchenwald ins Messelager gekommen war,
hatte er sich dazu *freiwillig* gemeldet. Als Bombenent-
schärfer konnte er sich nämlich ziemlich frei bewegen. Er
25 wußte, daß diese Aufgabe gefährlich war. Den Nazis war
es egal, ob dabei mal einer in die Luft flog. Aber bei Hans
flog nichts in die Luft, der entschärfte Bomben wie kein
anderer.
Es dauerte nicht lange, und Hans hieß nur noch Bomben-
30 Hans. „Wenn du hier verschwindest, dann versteck dich
bei meiner Cilly", hatte Heinz ihm geraten.
Bomben-Hans wischte sich die Rasierseife aus dem
Gesicht und streckte die Hand aus. Cilly reichte ihm das
Hemd.
35 „Was macht das Essen?" fragte er und zog das Hemd an.
„Na, hör mal, nun mal langsam. Was glaubst du denn, was
hier los ist? Ich hab nicht mehr viel, woraus ich was
kochen könnte. Drüben bei den Schwarz' sieht es noch
schlechter aus. Der Wolfgang und der Büb, die haben nur
40 noch Hunger und kriegen nichts."
„Warum?" fragte Hans kurz.

---

die Versteigerung – besondere Art des Verkaufs: Wer den höchsten Preis bietet, bekommt die Ware.
der Häftling – der Gefangene
Bomben *entschärfen* – Bomben ungefährlich machen
freiwillig – aus eigenem Willen; ohne Zwang

„Ganz einfach, sie sind Halbjuden."
„So", meinte Hans und wiederholte leise: „Ganz einfach."
Dann sagte er: „Paß auf, du kochst heute abend, und wir
45 besorgen vorher was dazu." Er steckte sich das Hemd in
die Hose und ging nach draußen.
Cilly hatte ein ungutes Gefühl. Die Jungen klauten
sowieso schon soviel. Kein Wunder, die hatten immer
Hunger. Aber jeder wußte, wer entdeckt wurde, dem ging
50 es schlecht. Der konnte froh sein, wenn er nicht gleich
erschossen wurde. Sollte man es wagen, für eine Pfanne
Bratkartoffeln mit Speck erschossen zu werden? Die jun-
gen Leute, Wolfgang, Büb und die anderen, meinten: ja.
Am nächsten Abend gab es zum erstenmal seit langem bei
55 Cilly wieder genug zu essen. Hans hatte mit ein paar
Edelweißpiraten nachts einen Lastwagen leer gemacht.
Mehl, Brot, Kartoffeln, Speck und etwas Butter waren ihre
Beute.

Seither waren Monate vergangen. Bomben-Hans hatte
60 inzwischen die Jungen näher kennengelernt und sich mit
ihnen angefreundet. Da waren außer den Schwarz-Jun-
gen Addi Schütz, Müllers Hans, Bermel, Bubes Rheinberger und Barthel, Bartholomäus Schink. Der wohnte etwas
weiter weg, in der Keplerstraße. Die Jungen kannten
65 einander schon lange. Die Bunker und die Parks waren
ihre Treffpunkte. Dort trafen sie sich mit denen, die in
anderen Stadtteilen wohnten, wie Schäng, Fän, Gitarren-
Jonni und Drumm. Sie alle waren seit langem Edelweißpiraten. Für das Edelweiß hatten sie in so manchem Kampf
70 mit der HJ gesiegt.

(erschießen) erschossen werden – mit einem Gewehr/einer Pistole getötet werden
die Beute – hier: die geklauten Lebensmittel

Zuerst hatte Hans gedacht: Mein Gott, was soll ich mit diesen Kindern anfangen? Die redeten in jeder freien Minute von Lagerfeuern und Ausflügen mit den Rheinschiffen, die sie vor Jahren unternommen hatten. Erst
75 nach und nach merkte er, daß die Jungen schon vor dem Krieg, zu einer Zeit, als er selbst noch gar nicht daran gedacht hatte, gegen die Nazis gehandelt hatten. Klar, da war keine Planung, keine Organisation gewesen. Alles war einfach so gelaufen. Aber die hatten Dinge getan, zu
80 denen Mut gehörte. Hans sprach zwar nicht darüber, aber im Lauf der Zeit hatte er wirklich Hochachtung vor den Edelweißpiraten bekommen.

Seit kurzem hatten sie nun ihren Treffpunkt im Keller der Schönsteinstraße 7. Oben darüber war alles kaputt, seit
85 jenem Bombenangriff, mit dem die Engländer Ehrenfeld fast zerstört hatten. Überall hatte es gebrannt, wirklich überall. Auch das Haus von Wolfgang und Büb Schwarz war getroffen worden. Sie hatten inzwischen ein paar Straßen weiter eine Wohnung gefunden.

90 Cilly wohnte jetzt im Hinterhaus. Die Edelweißpiraten hatten ihr alles neu ausgebaut. Dann hatten Hans und die anderen Jungen der Gruppe auch den Keller in Ordnung gebracht und den des Nachbarhauses ebenfalls. So hatten sie gleich einen Fluchtweg. Wenn es aus irgendeinem
95 Grund gefährlich wurde, zog Cilly im Hinterhof an einem Draht, und bei ihnen im Keller klingelte es. Dann konnten sie in aller Ruhe durch den Keller des Nebenhauses verschwinden.

Versuchen Sie, einen Bericht zu schreiben mit

a) Vermutungen über die politischen Aktivitäten dieser jungen Leute,

b) Informationen zu einzelnen Personen.

1944
Ukrainischer Weizen

„Daß es das gibt." Barthel blickte staunend auf Wanja, die ihm gegenüber saß. Sie war vielleicht siebzehn oder achtzehn Jahre alt. Er kannte das Mädchen aus dem Zwangsarbeiterlager* nun schon einige Zeit.
„Du kannst es wirklich glauben", sagte sie mit einer Stimme, die sich für ihn irgendwie nach Rußland anhörte, „stundenlang kannst du fahren und kommst nur an Weizenfeldern vorbei, immer nur Weizenfelder..."
Barthel legte ein Stück Holz auf das fast heruntergebrannte Feuer. Ein paar Kartoffeln brieten noch. Die meisten hatte Wanja schon gegessen.
Sie hatten sich aus Steinen zwei Sessel gebaut. Vorn im Haus hatten die Bomben alles *zertrümmert.* Aber hier hinten, im Garten, war es noch ganz friedlich. Zwei alte Kirschbäume standen da, dazwischen ziemlich hohes Gras. Wanja hatte sich neben den Steinsessel an einen der Kirschbäume gesetzt. Barthel saß auf seinem Sessel aus Stein.
Sie ist schön. Ukrainischer Weizen, dachte er, genauso sehen ihre Haare aus. Wie schön wäre sie erst, wenn diese Verbrecher sie nicht so schlecht behandeln würden. Denn die Leute im Lager bekamen immer weniger zu essen. Manchmal heulten sie vor Hunger. Und Wanja hatte die Röstkartoffeln nur so in sich hineingegessen. Sie hatte nicht einmal warten wollen, bis sie gar waren, eine hatte sie noch roh hinuntergeschluckt.
Bisher hatte Barthel sich nicht besonders für Mädchen interessiert, jedenfalls nicht so. Bei Wanja aber war das

---

(die Trümmer) zertrümmern – zerstören

Wanja, Zwangsarbeiterin aus der Ukraine

etwas anderes. Die konnte wunderbar erzählen. Manch-
30 mal verstand er sie nicht so ganz. Von ihrer Großmutter, die wohl eine Deutsche gewesen war, hatte sie ein wenig Deutsch gelernt. Aber es klang fremdartig. Trotzdem hörte er ihr gern zu. Von der Ukraine hatte er bisher nichts gewußt, das mußte ein schönes Land sein!
35 „Ich glaube, wir werden alle sterben", sagte Wanja plötzlich. Eben hatte sie noch gelacht. „Wir bekommen nur noch einmal am Tag eine Wassersuppe und zweimal ein Stück Brot. Ohne euch wären schon mehr gestorben..."
„Diese Verbrecher", sagte Barthel vor sich hin. „Diese
40 Verbrecher".
Er wußte, wie es in den Zwangsarbeiterlagern aussah. Die Leute lebten in engen, dunklen Holzhütten mit dreistöckigen Betten. Manche hatten als Kleidung nur Kartoffelsäcke, manche keine Schuhe, selbst im Winter. Und über-
45 all Krankheiten, vor allem Tuberkulose. Die Edelweißpiraten wunderten sich oft, daß die Arbeiter nicht massenhaft flohen. Noch immer waren es nur einzelne. Je härter die Bombenangriffe wurden, desto günstiger wurde es draußen für sie: Sie konnten sich in den Trümmern ver-
50 stecken und darauf hoffen, daß bald alles vorbei war.
„Ich gehe nicht mehr zurück, Barthel, ich bleibe draußen, und wenn sie mich erschießen. Wenn ich wieder reingehe, sterbe ich bald."
Barthel stand auf und setzte sich neben Wanja an den
55 Baum. Sie drückte seinen Kopf auf ihre Knie und strich mit der einen Hand über seine Haare, mit der anderen nahm sie sich eine Kartoffel aus dem Feuer.
Kauend sagte sie: „Zu Hause haben wir auch schon Hunger gehabt." Sie kaute schweigend weiter. „Soll ich dir
60 mal was erzählen", sagte sie plötzlich. Als Barthel nicht antwortete, begann sie: „Ich erzähl dir mal von Ludmilla, die geht auch nicht mehr ins Lager zurück. Ludmilla ist

aus Stawropol. Eines Morgens waren SS-Männer da. Die ganze Familie wurde vor das Haus gejagt. Dann mußten sie zusehen, wie die SS das Haus anzündete. Einfach so. Ohne jeden Grund. Als das Haus niedergebrannt war, wurde die Familie weggeführt und erschossen. Außer Ludmilla, die nahmen sie mit.
Sie würde ein hübsches Hausmädchen in Deutschland werden, sagten sic ihr. Kannst du mir sagen, warum sie so etwas machen?"
Barthels Gesicht war grau und hart geworden. Er hob den Kopf. „Ich weiß es nicht. Sie sind eben Mörder. Ich habe keine andere Erklärung. Sie töten auch die eigenen Leute. Jeden, der nicht mitmacht..."
Wanja strich über Barthels Kopf. „Ich weiß, du bist anders, ihr alle seid anders, ihr helft uns, ohne euch wären viele schon tot..."
„Wanja?" Barthel blickte zu den zerstörten Dächern hoch. „Wie haben sie dich nach Deutschland gebracht? Bist du freiwillig mitgegangen?"
„Willst du es wirklich wissen?"
„Ja", sagte Barthel.
„Wir hatten Hunger. Sie sagten uns, am Bahnhof würde Brot verteilt. Als wir dort ankamen, wurden wir von allen Seiten von Soldaten umstellt, und sie drängten uns in Eisenbahnwaggons. So sind wir hierhergekommen."
„Haben sie dir Schlimmes getan?"
„Nein, mir nicht, aber vielen anderen. Einen Freund von uns haben sie nach Kiewo Petschersk gebracht. Dort haben sie ihn an Ringen an die Decke hochgezogen und mit Stöcken auf ihn eingeschlagen. Draußen hatte es gefroren. Sie haben ihn rausgejagt und kaltes Wasser über ihn gegossen. Er war nackt, und das Wasser gefror sofort auf seiner Haut..."
„Warum haben sie das gemacht?"

„Warum, warum? Viele von uns mußten *Leichen* ausgraben von Russen, die von der SS lange vorher ermordet worden waren. Die Leichen sollten dann verbrannt werden. Unser Freund sagte, er macht das nicht mit. Da haben sie ihn nach Kiewo Petschersk geschickt. Der konnte froh sein, daß sie ihn nicht sofort erschossen haben. Aber er sagte, das wäre ihm lieber gewesen. Jetzt, wo seine Frau tot sei, wolle er nicht mehr leben..."

„Weshalb graben sie denn die Leichen wieder aus?" fragte Barthel.

„Ich weiß es nicht genau, manche von uns vermuten, sie haben Angst, daß ihre Verbrechen entdeckt werden."

„Aber das bedeutet doch", sagte Barthel, „sie rechnen damit, daß sie den Krieg verlieren."

„Klar, die wissen, daß sie auf Dauer nicht gewinnen können, seit Stalingrad wissen sie das. Die *Rote Armee* kommt immer näher, da wollen sie die Leichen weghaben."

„Und die Frau, ich meine die Frau von eurem Freund, die haben sie auch erschossen?"

„Nein, die hat sich erhängt. Sie kam aus dem Ort Kiewerce. Alle jungen Frauen dort mußten in einen Duschraum. Als sie drin waren, nackt natürlich, merkten sie, daß überall SS-Leute waren, auch weibliche, die Fotos machten. Sie haben sie zu ganz schlimmen Dingen gezwungen, die dann von der SS fotografiert wurden. Viele haben sich danach umgebracht..."

Lange schwiegen sie. Das Feuer war aus. Schließlich sagte Barthel: „Ich kann ihn verstehen."

„Wen?"

---

die Leiche – Körper eines/einer Toten
die Rote Armee – die Armee der UdSSR

„Den Roland. Der ist *Deserteur*, bei der Wehrmacht weggelaufen. Jetzt macht er bei uns mit. Der wird immer fast verrückt, wenn er einem Nazi in Uniform begegnet. Neu-
130 lich hat ihn mal zufällig einer angestoßen, so im Vorbeigehen. Da hat der doch die Pistole rausgerissen und wollte losschießen. Wir konnten ihn gerade noch zurückhalten. Erst haben wir gedacht, der ist nicht normal. Ich meine, Waffen haben wir ja alle. Aber einfach losschießen, ohne
135 daß der andere sich verteidigen kann, das konnten wir nicht verstehen. Wir wußten eben nichts. Klar, wir wußten, die Nazis sind schlimm, sie haben uns schließlich oft genug eingesperrt und verprügelt, bis wir nicht mehr gehen und stehen konnten. Von den anderen Sachen, von
140 den KZ und wie es bei euch im Lager aussieht, das haben wir erst nach und nach erfahren, seit wir regelmäßig den Ami-Sender hören oder BBC und Radio Moskau* ..."
Er redete nicht weiter. Wanja schob den Kopf vor und legte ihre Lippen auf Barthels Mund. Ganz zart, als wären
145 sie aus Glas. „Wenn die Deutschen alle so wären wie du, würde es keinen Krieg geben, keinen Mord und all die schlimmen Sachen."
„Weißt du, was ich möchte", sagte Barthel, „ich möchte mit dir einen Sonntagsspaziergang im Blücher-Park machen.
150 Dann sind da überall Leute, fein angezogen, Blumen blühen, alles sieht festlich aus. Vielleicht könnten wir nach dem Mittagessen – es gibt Schweinebraten, Kartoffeln und Rotkohl – zum Fußball gehen. Verstehst du was von Fußball, Wanja?"
155 „Njet", lachte sie.
„Also zum Fußballspiel."

(desertieren) der Deserteur – Soldat, der von der Armee weggelaufen ist

„Und abends", sagte Wanja lächelnd „was machen wir abends?"
Barthel strahlte über das ganze Gesicht. „Wir sind na-
160 türlich längst verheiratet und dürfen deshalb abends alles machen, was wir wollen, ins Kino gehen und so weiter..."
„Und jetzt dürfen wir das nicht?"
Barthel blickte Wanja ins Gesicht. „Meinst du?" sagte er.
165 „Ich hab aber noch nie."
„Ich auch nicht", antwortete Wanja.
Barthel legte die 08 *beiseite.*

Wie, denken Sie, spricht Wanja von den furchtbaren Verbrechen der SS in Rußland?

a) ängstlich	*b) haßerfüllt*	*c) sachlich-kühl*
d) bitter	*e) ruhig*	*f) teilnahmslos*
g) traurig		

Obwohl von so vielen schlimmen Dingen berichtet wird, – gibt es in diesem Kapitel auch Stellen, die Ihnen gefallen?

Zu Ihrer Information: Liebesbeziehungen mit Deutschen waren den Zwangsarbeitern aus dem Osten verboten. Männer konnten deswegen erschossen, Frauen in ein KZ gebracht werden.

---

beiseite – zur Seite

1944
Die Erschießung des Ortsgruppenleiters

Am Abend des 28. September 1944 hatte der *Ortsgruppenleiter* Söhntgen keine rechte Lust mehr, noch einmal durch das Stadtviertel zu fahren. Er stand gern früh auf, um die neuesten Nachrichten über die schweren Verteidi-
5 gungskämpfe der deutschen Wehrmacht zu hören. Er jedenfalls glaubte nicht an den Unsinn, den verbrecherisches *Gesindel* auf Flugblättern immer öfter in Ehrenfeld verbreitete. Der Krieg sei schon verloren, hieß es da. Oder: „Nieder mit Hitler." Das Gesindel schrieb die schlimmsten
10 Sätze an Mauern und Häuserwände.
Erst kürzlich hatte er Befehl geben müssen, ein solches staatsfeindliches Geschreibsel am Ehrenfelder Bahnhof übermalen zu lassen. „...Köpfe werden rollen nach dem Krieg." Fragt sich nur, wessen Köpfe bald rollen, grinste
15 er, schob das Koppel zurecht und setzte sich dann an den Abendbrottisch.
Er war sich übrigens ganz sicher, daß mit dieser Sache wieder dieser kleine Kerl aus der Keplerstraße zu tun hatte. Schenk oder so ähnlich hießen die Leute.
20 Der Ortsgruppenleiter nahm ein Ei in die Hand. Das Ei war noch angenehm warm. Draußen wurde es dagegen ungemütlich kühl. Natürlich bekamen nur wenige so ein Ei. Aber er hatte es sich verdient. Der Krieg war keineswegs verloren. Sie bauten jetzt die Batterien für die V2-
25 Raketen auf. Bald war es soweit, dann würden sie wieder

---

der Ortsgruppenleiter – Chef der Nazi-Ortsgruppe
das Gesindel – verächtliche Bezeichnung für Menschen

Siege feiern. Das war ganz sicher. Die Gegner des Deutschen Reiches sollten sich nur ja hüten. Die würden sich noch wundern, wie groß die Kraft und der Siegeswille des Volkes waren.

30 Söhntgen hob das Messer und schlug das Ei auf. Leise summte er sein Lieblingslied: „Das kann doch *einen Seemann nicht erschüttern,* keine Angst, keine Angst, Rosmarie ..."

Schnell stand der Ortsgruppenleiter jetzt auf, nahm die 35 Mütze von der Garderobe und setzte sie sorgfältig auf.

Die Beobachtungen der letzten Zeit hatten einige wichtige Ergebnisse für die Vernichtung der Edelweißpiraten in Ehrenfeld gebracht. Besonders jene Personen, die die Verbrecher bei sich wohnen ließen, kannte man nun. 40 Manchmal mußte er sich wirklich wundern. Zum Teil waren das gute Nachbarn, die er seit vielen Jahren kannte. Man konnte eben in keinen reingucken. Doch wenn es um Deutschland ging, dann gab es keine Entschuldigung mehr.

45 Am besten ging er zuerst noch kurz bei seiner Dienststelle vorbei. Er stieg die Treppen hinunter, holte sein Fahrrad aus dem Flur und fuhr in Richtung Ehrenfeld.

Um die gleiche Zeit spazierten Roland Lorent und Hans Balzer langsam die Venloer Straße hinunter. Zwischen 50 ihnen ging Anneliese. Sie trug ein Blümchenkleid von der Mutter. Eigentlich war es schon zu kalt dafür. Aber das Kleid paßte wunderbar zu ihr. Roland guckte sie bewundernd an. Er war heimlich verliebt in sie. Heimlich deshalb, weil er wußte, daß Anneliese Balzer lieber mochte, 55 und Balzer war sein Freund.

... einen Seemann nicht erschüttern – ... einem Seemann keine Angst machen

„He, Roland!“ Anneliese zog ihn am Arm. „Wo bist du? Wach auf!“ Sie gab ihm einen leichten Stoß. „Ist das nicht der Söhntgen, da auf dem Rad?“ rief sie plötzlich.
Roland sah auf. Dann erkannte auch er den Ortsgruppen-
60 leiter. Der war mit seinem Fahrrad gerade an der Ecke Venloer Straße und Ehrenfeldgürtel angekommen.
Söhntgen guckte nach links und rechts, obwohl hier selten Autos durchkamen. Trümmer machten die Straße sehr eng.
65 Hans Balzer und Anneliese sahen, daß Roland *blaß* geworden war. Bevor sie ihn daran hindern konnten, griff er in die Jackentasche und holte seine achtschüssige Pistole heraus. Ganz ruhig schoß er mehrmals.
Im nächsten Augenblick fiel Ortsgruppenleiter Heinrich
70 Söhntgen, der aus Pflichtbewußtsein so vielen Ehrenfeldern den Tod gebracht hatte, tödlich getroffen vom Rad.

1. Aus der Sicht des Nationalsozialisten Söhntgen
– wird Deutschland trotz einiger Niederlagen den Krieg noch gewinnen;
– sind alle, die das Gegenteil behaupten, Verbrecher;
– muß man gegen diese Verbrecher mitleidlos vorgehen.

Versuchen Sie bitte, sich vorzustellen, welche Wirklichkeit hinter diesen Worten steht.

2. Roland erschießt den Ortsgruppenleiter. – Was würde Barthel wohl zu seiner Verteidigung sagen?
Bevor Sie darüber nachdenken, lesen Sie bitte noch einmal die Seiten 43/44.

---

blaß werden – die Farbe im Gesicht verlieren

1944
Barthels Gitarre

„Sie kommen wieder", *flüsterte* die Mutter.
Auf der Treppe war Lärm. Dann wurde die Tür aufgerissen und fiel gleich danach laut ins Schloß.
„Barthel, du bist es!" rief die Mutter. Sie eilte auf ihren
5 Sohn zu, blieb stehen. „Barthel", sagte sie dann, „was ist los, wie siehst du denn aus!"
Barthel sah eigentlich aus wie immer: Kurze schwarze Hose, kariertes Hemd, Manchesterjacke, am Kragen das Edelweiß, über der einen Schulter hing die Gitarre. Er
10 grinste von einem Ohr zum anderen. Er grinste oft in der letzten Zeit – weiß der Himmel, wo er das herhatte.
Und doch war er anders als sonst. Er wirkte unruhig, die blonden Haare hingen ihm in die Stirn. Sonst hatte er immer Wert auf ordentlich gekämmte Haare gelegt. Die
15 Mutter war zutiefst erschrocken. Denn an Barthels rechter Schulter hing eine Maschinenpistole, am Gürtel eine *Patronen*tasche.
„Mutter, bleib ruhig, es geht nicht mehr anders."
Addi, Barthels jüngerer Bruder, der am Küchentisch saß,
20 sah den schwer *bewaffneten* Bruder bewundernd an. Die Mutter hatte Tränen in den Augen. War das noch ihr Barthel, der kleine Barthel, wie sie ihn alle genannt hatten?
„Mutter, hör auf zu heulen. So geht es nicht weiter, wir
25 müssen Schluß machen mit den Nazis." Er ließ die

---

flüstern – sehr leise sprechen
die Patrone – Pistolen und Gewehre werden mit Patronen geladen.
bewaffnet sein – Waffen tragen

Maschinenpistole auf den Fußboden gleiten. „Ich muß sofort wieder weg", sagte er und blickte hinüber zum Küchenherd.

Die Mutter verstand, wischte sich mit der Schürze die
30 Tränen ab und stellte einen Teller mit Kartoffelsuppe vor Barthel auf den Tisch. Barthel aß wie ein Wilder.

„Junge", sagte die Mutter, „iß anständig. So schnell, das ist nicht gut für den Magen."

Barthel aß ein wenig langsamer, blickte kurz auf, grinste.
35 Ja, das ist wieder der alte Barthel, dachte die Mutter.

Barthel sah, wie die Mutter das *Verdunkelungsrollo* ein wenig beiseite zog und in den Hinterhof blickte.

Er wußte, daß die Nazis schon seit Monaten die Wohnung beobachteten. Seit Wochen kam die Gestapo zur einen
40 Tür herein, während er gerade noch zur anderen Tür hinausrennen konnte. Er wußte, daß sie seiner Mutter und den Geschwistern immer wieder dieselbe Frage stellten: „Wo ist Ihr Sohn?" Die Mutter antwortete immer das gleiche: „Der ist am *Westwall,* beim *Schanzen.*"
45 Manchmal war die Gestapo tagelang in der Wohnung und ließ die Mutter und die anderen nicht einmal allein zur Toilette gehen. Einmal hatten sie Titti abgeholt, obwohl die ja wirklich nur Jungen im Kopf hatte. Die hatte natürlich gar nichts gewußt. Oder doch? Sie grüßte noch immer
50 mit „Guten Morgen", nicht mit „Heil Hitler".

„Wo ist der Bruder?" hatten sie Titti bei der Gestapo gefragt.

---

das Verdunkelungsrollo – hier: Gardine aus festem, schwarzem Tuch

der Westwall – Von den Deutschen gebaute Verteidigungsanlagen an der deutsch-französischen und deutsch-belgischen Grenze; gegenüber lag die französische Maginotlinie.

(die Schanze) – militärisch: *schanzen* – einen Graben ausheben

Schanzendienst am Westwall

Sie hatte Ohrfeigen bekommen, aber weiter nichts gesagt als: „Der Barthel ist am Westwall."
55 „Wenn wir den *erwischen,* wird er erschossen."
Aber Titti hatte nur wiederholt: „Der ist am Westwall."
Als man sie schließlich gehen ließ, hatte sie stolz gesagt: „Ich werde bald Edelweißpiraten-Führerin sein..." Dafür hatte sie noch eine Ohrfeige bekommen.
60 Wenn Barthel gewußt hätte, was sie mit Titti gemacht hatten, wäre er sofort zur Gestapo in die Elisenstraße gegangen. Die Mutter sagte es ihm nicht, weil sie Angst hatte, er würde durchdrehen wie damals, als Spieroth umgebracht worden war. Aber das konnte er sich jetzt
65 nicht mehr erlauben. Wenn er etwas erreichen wollte, dann mußte alles sorgfältig geplant werden.

---

erwischen – hier: fangen; festnehmen; verhaften

Addi schaltete jetzt das Radio ein. Nachrichten.
„...brachte dem Führer die Meldung, daß sich siebzig Prozent des Jahrgangs 1928 freiwillig als Soldaten gemel-
70 det haben." Kurze Pause. Dann tönte die Stimme des Führers durch die Küche: „Meine Hitlerjugend!"
Barthel grinste und sagte zu Addi. „Paß auf, der meint mich..."
„Mit Stolz und Freude habe ich eure Meldung als Kriegs-
75 freiwillige..."
Barthel stand ganz plötzlich auf, stieß den Stuhl zurück. „Ich muß weg", sagte er. Mit zwei Schritten hatte er den Küchenschrank erreicht. Darauf stand sein Grammophon, das in der letzten Zeit keiner mehr berühren durfte.
80 Barthel nahm das Grammophon auseinander, holte eine Pistole heraus. Er hob sie leicht an, blickte zu Addi und sagte kurz: „Eine 08". Er steckte die Pistole in den Gürtel, nahm die Gitarre und gab sie dem kleinen Bruder. „Da, nimm sie, ich brauch sie nicht mehr." Er sah die Mutter an.
85 „Mama, jetzt komme ich nicht mehr wieder."
Barthel griff schnell die MP, und ehe die Mutter und der Bruder noch etwas sagen konnten, war er verschwunden, durch einen der vielen Ausgänge über die Hinterhöfe, verschwunden in den Trümmerfeldern von Ehrenfeld.
90 Addi schaltete das Radio ab und sagte: „Mamma, kann ich noch etwas Kartoffelsuppe haben?" Dann ging er stolz in der Küche auf und ab, über der Schulter Barthels Gitarre, die jetzt ihm gehörte. Die Mutter antwortete nicht.

*

Barthel ist in Gefahr. – Prüfen Sie bitte, durch welche Textstellen dieser Eindruck hervorgerufen wird.

1944
Schönsteinstraße 7

Cilly stand auf, strich ihren Rock glatt und sah zu Bomben-Hans hinüber. Er tat so, als würde er es nicht bemerken. Sie zog das Verdunkelungsrollo herunter, machte das Licht an und verließ den Kellerraum. Hans saß an 5 einem Holztisch, auf dem ein Stadtplan ausgebreitet war. Er hatte wieder Falten um den Mund, sah aus, als grinste er.

Dabei wurde die Lage immer schlimmer. Fast jede Nacht Bombenangriffe, manchmal sogar am Tag. Durch die Stra- 10 ßen von Ehrenfeld marschierten Gestapo und SS-Leute, die jeden festnahmen, der keinen Ausweis hatte oder *irgendwie verdächtig erschien.* Verdächtig waren vor allem männliche Personen, wenn sie nicht Kinder waren. Aber als Kinder galten gerade noch Zehn- oder Elfjäh- 15 rige.

„Wir können es schaffen", sagte Bomben-Hans plötzlich, „wir können es schaffen." Er zeigte auf den Appellhofplatz in dem Plan und fuhr dann mit dem Finger ein kurzes Stück weiter zur Elisenstraße. „Es hängt alles davon ab, 20 wie es zeitlich klappt. Es muß sehr schnell gehen ... Wo bloß die Jungen bleiben ... ?"

Hans Balzer sah ihn an. „Hoffentlich sind sie nicht erwischt worden."

„Glaube ich nicht, die lassen sich von den Nazis so schnell 25 nicht erwischen," sagte Hans.

Balzer setzte sich zu Hans an den Tisch und nahm die Zeitung. „Hör mal zu, was hier steht: Überschrift: ‚Erken-

---

... *irgendwie verdächtig erschien* – von dem man glaubte, daß er gegen die Nationalsozialisten war

nungsmarken für Ostarbeiter', warte mal, ach ja, hier, weißt du, was die schreiben?"
30 „Lies mal."
„Also ... ,Wir müssen uns immer bewußt bleiben, daß die Arbeiterinnen und Arbeiter aus dem Osten ohne Eigentum und meist in zerrissenen und schmutzigen Kleidern und schlechten Schuhen zu uns kommen und daß es uns
35 heute oft schwer fällt, diese Menschen äußerlich von deutschen Volksgenossen zu unterscheiden. Sie haben bei uns zum ersten Male Zivilisation und Ordnung kennengelernt. Es geht ihnen gut, sehr gut in Deutschland ...'"
Hans schlug mit der Faust auf den Tisch.
40 Er sah jetzt ganz böse aus. „Lies bitte zu Ende", sagte er leise.
„Also: ,Sie werden gut behandelt, sie erhalten einen guten Lohn für ihre Arbeit, gutes kräftiges Essen, Kleidung und gute Betten. Außerdem genießen sie manche sozialen
45 Vorteile, von denen sie in ihrer Heimat nicht einmal träumen konnten ...' Ich glaub, ich mach Schluß, so geht das weiter." Ärgerlich warf Balzer die Zeitung in die Ecke.

die Spieluhr

Plötzlich hörten sie von draußen eine *Spieluhr*, Mozart, die kleine Nachtmusik. Addi hatte die Spieluhr in einer *Ruine* gefunden. Jetzt wurde sie als Erkennungszeichen benutzt.
Als erster kam Barthel durch die Tür. Hinter ihm Bubes, Büb und zwei Jungen, die noch nie hier gewesen waren und von Hans zweifelnd angesehen wurden.
55 „Das sind Schäng und Fän", sagte Barthel. „Die sind in Ordnung, Hans. Sie sind aus Sülz, auch Edelweißpiraten."
„Wir müssen gleich wieder weg", sagten Schäng und Fän fast gleichzeitig. „Wir wollten euch nur was bringen."

---

die Ruine – zerstörtes Gebäude

60 „Laßt sehen." Hans nahm ein kleines Päckchen, das Schäng auf den Tisch gelegt hatte, und packte es aus. „Mensch, genau das, was wir brauchen, *Schnüre* und *Zündhütchen.* Hätten wir die nur eher gehabt! Dann hätten wir nicht so sparen müssen und hätten den Jungen aus 65 Geilenkirchen was abgeben können, für dieses Haus von der HJ, das sie *in die Luft jagen* wollten. Na ja."

Schnüre

Zündhütchen

Barthel erklärte Hans, wie die beiden das Zeug gefunden hatten. „Ganz zufällig. Schäng und Fän haben Kinder beobachtet, die mit den Schnüren und Hütchen spielten, 70 die Sachen an eine Batterie anschlossen und darauf warteten, daß es ‚peng' macht. Fän ist den Kindern in einen Keller nachgegangen. Ja, und da lag noch mehr von dem Zeug ..."

„Mensch, großartig", sagte Hans. „Jetzt kann nichts mehr 75 passieren, jetzt sprengen wir die Verbrecher in die Luft. Freunde, bald gibt es in der Elisenstraße einen großen *Knall,* und dann ist Schluß mit der Gestapo. Hier!" Er schob einen Kasten beiseite und holte etwas hervor: eine Pistole 08. Er gab sie Fän.

80 „Eine Luger P 08,9 Millimeter Parabellum, 8 Schuß", sagte Barthel.

„Mann, das ist'n Ding", staunte Fän.

Hans faltete den Stadtplan zusammen und blickte Fän und Schäng an. „Warum seid ihr eigentlich so spät ge-85 kommen?"

Barthel antwortete für die beiden: „Tja, Hans, das war so, die waren erst auf der Polizei und ..."

„Wo waren sie?"

„Auf der Polizei. Sie sind nämlich von der HJ angehalten 90 worden. Wegrennen konnten sie nicht mehr. Sie mußten

---

in die Luft jagen = sprengen – mit Dynamit zerstören
der Knall – sehr lautes Geräusch

aufs Revier. Aber da saß so ein alter Polizist, der fragte die von der HJ als erstes: ‚Was haben die beiden denn gemacht?' Die von der HJ antworteten: ‚Ja, sehen Sie denn nicht, wie die gekleidet sind? Das sind doch Staats-
95 feinde!' – ‚Haben sie geschossen oder gestohlen?' – ‚Nein', mußten die antworten. Da hat der Polizist Schäng und Fän gehen lassen. Und da ist noch was." Barthel lachte. „Stell dir das vor, der Schäng hatte am Gürtel ein *Fünfkopekenstück* mit Hammer und Sichel drauf... stell dir das vor,
100 Mann!"
Bomben-Hans war blaß geworden. „Seid ihr total verrückt, so was ist doch viel zu gefährlich! Verschwindet bloß!" sagte er ärgerlich. Schäng und Fän gingen schnell hinaus.
105 Bubes ließ sich auf einen Stuhl fallen. „Ich glaube, die sind noch zu klein, um bei uns mitzumachen." Er holte den Rest einer Zigarette aus der Tasche und zündete ihn an. „Sie sind wirklich noch zu klein", wiederholte er hustend.
110 „Es wird auch ohne sie klappen." Hans schlug Bubes auf den Rücken. Aber der Husten wollte kein Ende nehmen.
„Ich denke, wir machen es am 5. Oktober. Hier in der Nähe, ein paar Straßen weiter, steht in einem Hinterhof
115 ein *DKW*. Da sind etwa zwanzig entschärfte Bomben drauf. Wir haben jetzt noch so viel Zeit, daß wir sie in Ruhe mit Kabeln verbinden können. Es muß *perfekt* werden. Die Nazis denken an so etwas nie. Deshalb können wir wahrscheinlich den DKW mit den Bomben direkt vor das

---

das Fünfkopekenstück – russisches Geldstück
DKW – Automarke; Abkürzung von „Deutscher Kraftwagen"
perfekt – sehr gut
das Hauptquartier – oberste Dienststelle

... das Abrollen des Kabels

120 Gestapo-*Hauptquartier* in der Elisenstraße stellen. *Das Abrollen des Kabels* um die Ecke rum zum Appellhofplatz muß blitzschnell gehen. Einige von uns müssen sich um die Fußgänger kümmern, Barthel, du rollst das Kabel ab; wenn du am Zündgerät angekommen bist, mache ich
125 weiter, stelle die Verbindung her und dann ... gute Nacht. Du rennst sofort zu dem alten Mercedes. Das ganze dürfte nicht länger als zwei Minuten dauern. Bis die merken, was da los ist, sind wir weg."
„Ich glaube, wir schaffen es", sagte Barthel.
130 Hans blickte auf. Der ist so wie ich, dachte er. Vor kurzem haben wir ihn noch den kleinen Barthel genannt. Aber inzwischen ist zuviel passiert. Barthel ist nicht mehr klein ...

Haben Sie den Plan von Bomben-Hans verstanden? – Dann beantworten Sie bitte die folgenden Fragen:

a) Welches Gebäude ist in der Elisenstraße?
b) Wie soll es zerstört werden?
c) Was ist kurz vorher noch zu tun?
d) Wo soll das Zündgerät aufgestellt werden?
e) Wer wird das Zündgerät bedienen?

1944
Der neue Mut

Barthel hatte in der letzten Zeit viel über die Jahre nachgedacht, die hinter ihnen lagen. Vieles war anders geworden im Vergleich zu früher.
Es war schon etwas anderes, ob sie – wie früher – aus einem offenen Eisenbahnwaggon einen Sack Kartoffeln klauten oder ob sie – wie heute – einen *Einbruch machten,* um Waffen und Lebensmittel zu besorgen. Und es war etwas anderes, ob sie – wie früher – ein paar Hitlerjungen verprügelten, oder ob sie – wie heute – bewußt Waffen benutzten.
Einige, die davon wußten, aber nicht mitmachten, hatten große Zweifel, ob das alles richtig war. Barthel hatte lange darüber nachgedacht, war aber immer zu dem gleichen Ergebnis gekommen: daß es nicht anders ging. Selbst in Ehrenfeld konnte man sehen, wie die Nazis die behandelten, die gegen sie waren.
Aus Wanjas Erzählungen wußte er, wie es mit den Zwangsarbeitern war. Er hatte selbst so ein Lager gesehen.
Und dieser sinnlose Krieg! Jeder wußte, daß er verloren war. Aber trotzdem machten die Nazis weiter, und soviele Soldaten mußten sterben.
Manche liefen weg, wollten nicht mehr mitmachen. Er und seine Freunde verstanden diese Leute, hatten sogar viel Achtung vor ihnen. Wer desertierte, mußte großen Mut haben. Denn das wurde mit dem Tod bestraft. In ihrer Ehrenfelder Gruppe hatten sie jetzt auch Deserteure.

(einbrechen) einen Einbruch machen – mit Gewalt in ein Gebäude/Zimmer dringen und etwas daraus stehlen

Früher hatte Barthel über all dies nie nachgedacht, er hatte immer nach dem Gefühl gehandelt. Aber er hatte
30 immer gewußt, gegen wen oder was man kämpfen mußte. Sie alle hatten schon früh gemerkt, daß Mut dazu gehört, gegen Unrecht und gegen Stärkere zu kämpfen.
Damals hatten sie sich gefragt, warum sie in der Hitlerjugend mitmachen sollten. Alle verlangten, daß man mit-
35 machte – alle außer Spieroth. Barthels Vater war zwar kein Nazi, aber er verlangte es von seinen Kindern, weil Ordnung und Disziplin ihm wichtig waren. Er meinte, es könne nicht schaden, wenn man ein bißchen hart behandelt würde. Die Mutter verlangte es wegen des Vaters.
40 Und wenn man eine Lehre anfing, war es auch Bedingung.
Alle waren dafür. Nur die Edelweißpiraten nicht und noch ein paar andere.
Daß es von Anfang an lebensgefährlich gewesen war, was
45 sie machten, sogar die Prügeleien mit der HJ, das hatten sie natürlich nicht gewußt. Deshalb hatte der Vater auch gewollt, daß Barthel zur HJ ging. Er hatte Angst – Angst, daß ihm irgendwann mal etwas passieren würde.
Erst als sie Spieroth erschlagen hatten, sprach der Vater
50 aus, daß die Nazis Mörder waren. Er hatte es wohl schon früher gewußt, aber gegen sie etwas getan hatte er nicht. Doch in die Partei war er nicht eingetreten.
Als Spieroth auf der Straße starb, hatte Barthel eine Wut in sich gefühlt, die ihn nie mehr verließ. Die Wut war so
55 stark, daß er manchmal selbst darüber erschrocken war.
Viele Leute im Viertel glaubten den Nazis. Je härter der bewaffnete Kampf der Edelweißpiraten wurde, desto mehr Leute wollten nichts mehr mit ihnen zu tun haben. Sie übernahmen einfach das Urteil der Nazis, daß die
60 Edelweißpiraten alle Verbrecher seien. Aber es gab auch einige, die nicht so dachten, zu denen sie immer gehen

konnten, die sie beschützten. Für die Nazis waren diese Leute ebenfalls Verbrecher, die Edelweißpiraten wußten das. Einmal hatten sie in der Gruppe auch darüber
65 gesprochen, ob sie nicht besser keine Waffen gebrauchen sollten, ob sie nicht wie früher nur Flugblätter mit sogenannten Feindnachrichten verteilen sollten. Bomben-Hans hatte darauf gesagt, und keiner hatte etwas dagegen gesagt: „Wenn wir das machen, erschießen sie uns,
70 einen nach dem anderen. Jeder, der Widerstand leistet, egal wie, ist ihr Todfeind, den machen sie fertig. Wenn wir weitermachen wollen, haben wir keine andere Wahl, als uns zu bewaffnen."
Die Nazis waren sehr vorsichtig geworden, vor allem bei
75 Dunkelheit. Die Posten gingen nur noch zu zweit. Sie hatten Angst, die Nazis hatten Angst vor ihnen! Und sie schossen auf jeden, den sie für verdächtig hielten.
Alle hatten Bomben-Hans recht gegeben. Sie konnten jetzt nicht mehr zurück. Sie hatten nur eine *Chance:* Wenn
80 sie besser waren als die Nazis. Auch im Schießen.
Deshalb hatte Barthel auch dieses Heft von der Wehrmacht über Sprengmittel auswendig gelernt. Er hatte sich gewundert, daß er alles sofort behielt. Denn in der Schule war er im Auswendiglernen nicht so gut gewesen. Natür-
85 lich hatte ihn dort das meiste auch nicht interessiert. Aber über Sprengmittel mußten sie Bescheid wissen, sonst war es aus mit ihnen. Wenn es um Leben und Tod ging, machte das Lernen plötzlich keine Probleme mehr. Er hatte auch noch nie soviel gelesen wie in der letzten Zeit.
90 Alles, was nicht von den Nazis kam, las er. Viel Zeit blieb ja nicht, aber immerhin. Einige von den Älteren hatten ihm gesagt, daß es wichtig war, mehr zu wissen als

---

die Chance – hier: die Möglichkeit, aus einer gefährlichen Lage herauszukommen

andere. Mut haben und Bücherlesen, das ging gut zusammen.
95 Schon mehrmals war Barthel unter den Nazis Leuten begegnet, die körperlich stark waren, aber Mut nur dann zeigten, wenn sie viele waren. Bomben-Hans war da ganz anders. Auch deshalb bewunderte Barthel ihn. Zu Anfang hatte er alles genauso gemacht wie Bomben-Hans, doch
100 in letzter Zeit nicht mehr so sehr. Warum, wußte er nicht. Irgendwie war das wohl nicht mehr nötig. Ein paarmal hatte Bomben-Hans sogar auf seinen Rat gehört. Darauf war er sehr stolz.

„Stimmt das, was die Leute behaupten: Du bist ein Verbrecher?" würde die Mutter Barthel vielleicht fragen. – Können Sie an Barthels Stelle antworten?

1944
Warnung

„Es wird immer schlimmer", sagte Hans nachdenklich. Merkwürdig, dachte Barthel. So kannte er ihn gar nicht, sonst war Bomben-Hans doch nicht so. „Aber wir werden immer mehr", sagte er.
5 „Das schon, aber trotzdem, die Nazis werden immer schlimmer, die schießen uns jetzt ab wie die Fliegen. Besonders jetzt, wo sie wieder einen Grund haben. Seit Roland den Ortsgruppenleiter erschossen hat, sind die wie

verrückt. Es ist schon gefährlich, am Tag auf die Straße zu gehen." Er wendete sich an Roland: „Wo ist die Pistole?"
„Welche?"
„Na die, mit der du den Ortsgruppenleiter..."
„Balzer hat sie mitgenommen."
„Und wo ist sie nun?"
Balzer sah auf. „Im Puppenwagen."
„Wo?" Bomben-Hans glaubte, nicht richtig gehört zu haben. Er guckte Balzer erstaunt an.
„Na, im Puppenwagen von der Else."
„Ist sie da denn sicher?"
„Hundert Prozent, die Else spielt ja nicht mehr damit, das Ding steht im Keller."
„Na gut", meinte Bomben-Hans.
„Ein Schwein weniger", sagte Roland. „Der Kerl hat mindestens hundert Juden ins KZ gebracht, von allem anderen wollen wir mal gar nicht erst reden."
„Mit solchen Leuten habe ich auch kein Mitleid mehr", sagte Barthel.
„Klar, aber jetzt werden sie uns keine Ruhe mehr lassen."
„Haben sie doch bisher schon nicht. Ich will dir mal was sagen, Hans: Ich weiß, was sie mit dem Fritz de Plaat gemacht haben. Den haben sie im Gefängnis beinahe kaputtgeschlagen. Dabei hat der Fritz überhaupt nichts gemacht, der hatte ja richtig Angst vor einer Pistole. Als sie ihn gejagt haben, konnte er seine noch in letzter Sekunde wegwerfen. Doch sie haben ihn grün und blau geschlagen, zuerst die Gestapo in der Elisenstraße, dann im Gefängnis, in Brauweiler. Und jetzt darfst du mal raten, warum? Weil er ein Edelweißpirat war, weil er ein Edelweiß an der Jacke trug und gerne auf der Gitarre spielte. Der Fritz ist erst vierzehn, überleg dir das mal! Die schlagen jetzt schon die Kinder zusammen, nachdem sie erst

die Juden erschlagen haben und die Zwangsarbeiter *verhungern* ließen. Ich hab gesehen, da war ich erst zehn, wie sie den Frisör Spieroth, unseren Nachbarn, einfach erschlagen haben, einfach so, mitten auf der Straße. Vorher hatten sie ihm das Geschäft zertrümmert und die Wohnung. Niemand hat ihm geholfen..." Barthel schwieg.

„Weil die so sind, deshalb", sagte Hans, nun wieder ganz wie sonst, und zeigte auf den Stadtplan, „deshalb jagen wir jetzt ihr Hauptquartier in die Luft."

„Das ist'n Wort", meinte Barthel, „dann sind wir ein paar der dicksten Verbrecher los."

Genau in dem Moment klingelte es – das Warnzeichen von Cilly. Da war etwas nicht in Ordnung.

„Wir müssen weg", drängte Hans. „Kann natürlich auch der Postbote sein mit einem Päckchen für die Ehrenfelder Edelweißpiraten. Was mag wohl da drin sein?"

Während sie zu dem Loch rannten, das in den Nebenkeller führte, schrie Bubes: „Nußschokolade!"

„Nee", rief Barthel, „Karamelbonbons mit Kognak drin."

Während die Edelweißpiraten in Richtung Holzhandlung flohen, verhaftete die Gestapo in der Schönsteinstraße die beiden Jüdinnen, Mutter und Tochter, die hier seit ein paar Wochen wohnten. Das war's also, dachte Cilly, mußte ja so kommen.

Sie hatte gerade den Jungen ein anständiges Essen kochen wollen, irgendwo bekam sie immer noch ein paar Extrasachen. Im ersten Augenblick hatte sie geglaubt, es würde nicht so schlimm werden. Sie sah nur zwei Hunde. Also Wehrmachtsleute, überlegte sie, suchen wohl mal wieder einen Deserteur. Sie fragten nach einem schwarzhaarigen jungen Mann mit Schnurrbart. Sie dachte sofort

---

verhungern – vor Hunger sterben

75 an Bomben-Hans. Aber was hatte der mit der Wehrmacht zu tun? Dann *fiel ihr ein,* daß Roland Lorent eigentlich beinahe genauso aussah, etwas kleiner vielleicht, und der war bei der Wehrmacht desertiert. Doch bald war ihr klar, daß die Männer nicht von der Wehrmacht, sondern von 80 der Gestapo waren. Und die waren schon gar nicht mit ein paar Auskünften zufrieden, sondern suchten überall genau. So fanden sie die beiden Jüdinnen statt Roland.

*

– Fritz
– Roland
– Cilly
Was weiß die Gestapo von ihnen?

1944
Befreiungsversuch

Draußen war es schon unangenehm kalt, der Winter kam früh in diesem Jahr. In der Gaststätte „Scharrenbroich", war es wie immer gemütlich warm. Außerdem kamen hierher selten Nazis. Barthel ging auf den Tisch zu, an 5 dem Bubes saß und in der Zeitung blätterte. „Über den Bombenangriff letzte Nacht. In Köln steht bald kein Stein mehr auf dem anderen."
„Da hast du wohl leider recht", sagte Barthel. Dann sprach er leiser: „Hör mal, die Gestapo hat überall Posten aufge-10 stellt. Cilly kann nicht mehr weg. Die warten jetzt auf uns. Die denken, wir hätten noch nichts gemerkt."

Dann *fiel ihr ein* ... – Dann erinnerte sie sich ...

Barthel nahm einen Schluck aus Bubes' Bierglas und sah sich um. Vor den Leuten hier mußten sie keine Furcht haben. Selbst wenn immer mehr dabei waren, die sie nicht kannten – Durchreisende, verwundete Soldaten – aber vor allem waren es Leute aus dem Viertel. Ein Wunder, daß in den Ruinen überhaupt noch jemand lebte.
Der Wirt drehte am Radio. Während der Wehrmachtsbericht durch den Raum tönte, stieß Bubes Barthel an. „Du, der Hans meint, wir sollen uns heute abend treffen."
„Wo?"
„Bei Addi am Fröbelplatz."
„Kann mir schon denken, warum", sagte Barthel, „der Hans will die Cilly befreien, auf geht's!"

Nachdem sie bei Addi Schütz noch drei andere Jungen getroffen hatten, holten sie Büb ab. Gegen 19 Uhr 30 trafen sie am Blücher-Park mit den übrigen zusammen. Roland Lorent war auch dabei. Er hatte einen Mercedes mitgebracht, Hans einen DKW.
„Hört mal", sagte Hans, „nun geht es los: Die Nazis sind bald am Ende. Die Amerikaner stehen nicht mehr weit von Köln. Wir müssen jetzt einfach mal etwas mehr wagen, damit das alles schneller vorbei ist. Aber Vorsicht! Was die Nazis mit uns machen, wenn sie uns mit Waffen erwischen, ist wohl klar."
„Ohne Waffen schlagen sie uns auch zusammen, das wissen wir doch inzwischen", meinte Barthel.
Bomben-Hans erklärte den Plan: „Also, unser Hauptplan mit der Elisenstraße steht immer noch. Aber erst müssen wir jetzt die Cilly rausholen, sonst machen sie die kaputt. Also: der Mercedes fährt voraus, dahinter der DKW. Roland hält vor der Schönsteinstraße 7 an und gibt einen Schuß ab. Das ist das Zeichen, in die Wohnung zu rennen. Und noch eins: Mitleid können wir uns nicht erlauben.

45 Wenn wir sie nicht töten, töten sie uns."
Wenig später schlugen die Autotüren zu. Barthel saß hinten im DKW. Langsam fuhren die Wagen in Richtung Innenstadt. Rechts und links waren riesige Trümmerhaufen, die Reste ganzer Wohnviertel. Zwischen dem Merce-
50 des und ihrem Wagen lagen etwa 50 Meter. Vorn fielen zwei Gewehrschüsse. Es war schon dunkel, und Barthel konnte nicht erkennen, was los war. Jedenfalls fuhr der Mercedes vor ihnen weiter. Bei Paul, dem russischen Zwangsarbeiter, machten sie halt. Paul hatte versprochen,
55 ihnen Benzin zu besorgen. Aber er hatte keins. Nun arbei-

tete er am linken Vorderrad des Mercedes. Schließlich, Barthel erschien die Zeit furchtbar lang, ging es doch weiter. Nochmals ein kurzer Halt irgendwo. Roland kam zum DKW, und Hans gab ihm durch das geöffnete Wagenfenster weitere Anordnungen. Er sollte den Posten vor der Tür der Schönsteinstraße 7 erschießen. Der Schuß sollte gleichzeitig das Zeichen sein, in die Wohnung zu rennen. Roland stieg wieder ein. Diesmal hatten sie mehr Tempo, ungefähr vierzig oder fünfzig Stundenkilometer. Das war bei den schlechten Straßen schon viel. Der Mercedes fuhr rechts in die Schönsteinstraße hinein, der DKW hinterher.

„Achtung!" brüllte Barthel.

Schüsse fielen. Der Mercedes hielt nicht wie geplant vor dem Haus Nr. 7, erst ein Stück weiter blieb er plötzlich stehen. Hans trat auf die Bremse, doch er brachte den Wagen nicht mehr zum Stehen, sie fuhren auf den Mercedes auf. Wie ein Verrückter drehte Hans am Zündschlüssel, der Motor war aus. Dann schoß auch er. Plötzlich fuhr der Mercedes mit Roland und den anderen an. Wieder ein Schuß. Hans drehte von neuem am Zündschlüssel. Dann sahen sie mindestens drei Uniformierte und mehrere Zivilisten auf ihren Wagen zurennen.

„Los raus, macht, daß ihr wegkommt", befahl Hans. Barthel sprang aus dem DKW, rannte zu dem schon anrollenden Mercedes und warf sich im Laufen ins Auto. Als er zurückblickte, sah er, daß Hans den DKW in letzter Sekunde wieder in Gang kriegte. Bubes war bei ihm geblieben.

Tief in der Nacht trafen sie sich in dem Gartenhäuschen am Blücher-Park. Hans und zwei andere Jungen hatten nach ihrer Flucht Lebensmittel besorgt: Kartoffeln und Speck.

Der Befreiungsversuch ist mißglückt. Barthel und seine Freunde können fliehen. – Welchen Rat würden Sie den Jungen geben?

a) Ohne euch ist Cilly verloren. Ihr müßt noch einmal versuchen, sie zu befreien.
b) Haltet euch versteckt, bis die Nazis besiegt sind.
c) Verlaßt Deutschland so schnell wie möglich.
d) Werft eure Waffen weg und versucht, wie normale Bürger zu leben.
e) Meldet euch bei der Gestapo. Wenn ihr das freiwillig tut, wird die Strafe nicht so schlimm sein.
f) Ihr dürft jetzt nicht den Mut verlieren. Ihr wolltet das Gestapo-Hauptquartier sprengen. Tut das.

1944
Zukunftspläne

Roland drehte am Radio und suchte BBC. Er hatte die Lautstärke so eingestellt, daß man den Ton gerade noch verstehen konnte.
„... kämpften sich die amerikanischen Truppen durch die
5 Straßen von Aachen. Die *Verluste* waren auf amerikanischer Seite kaum nennenswert. Auf deutscher Seite waren sie sehr viel schwerer. Mehr als 10 000 Mann konnten gefangengenommen werden. Der *Sachschaden* in der Stadt *ist gewaltig*. Die Stadt Aachen gibt es nicht mehr.

---

die Verluste – hier: die Zahl der Getöteten
Der Sachschaden ist gewaltig. – Sehr viele Häuser sind zerstört.

10 Die Bevölkerung von Aachen wollte *kapitulieren.* Sie wollte wenigstens etwas von ihrer Stadt retten. Auch der Kommandant von Aachen wollte kapitulieren. Er wußte, Aachen war nicht zu halten. *Er wurde abgesetzt.* Seinen Platz übernahm ein Nazioffizier. Er war bereit, die Stadt
15 vernichten zu lassen.
Wird dasselbe überall in Deutschland geschehen? Oder werden das deutsche Volk und die deutschen Soldaten wissen, daß sie einem Befehl, der zur völligen Zerstörung der deutschen Heimat führt, nicht gehorchen dürfen?
20 Sie hörten eine Sendung von BBC London. Berichtet hat Lindley Fraser."

„Das war's mal wieder", sagte Roland. „Jetzt sind sie bald hier, unsere Chancen werden immer größer."
„Langsam, Freunde. Ich glaube, wir dürfen uns erst mal
25 nicht mehr in Ehrenfeld sehen lassen", meinte Hans. „Wir müssen die Nerven behalten. Das Wichtigste ist, daß wir genügend zu essen besorgen und uns keiner findet."
„Hier findet uns bestimmt keiner", sagte Barthel und schob sich einen Löffel Kartoffeln in den Mund. Dann ging
30 er zu dem kleinen Fenster, zog die davorhängende Decke ein wenig beiseite, blickte hinaus. Es war jetzt ganz klar draußen. Im Augenblick war alles ruhig. Aber selbst wenn die Bomber kamen, die Terrorbomber, wie die Nazis sagten, hier waren sie ziemlich sicher. Von oben müßte das
35 Gebiet wie Wald und Wiesen aussehen.
„Was bloß mit der Cilly wird?" sagte Hans leise. „Die haben sie jetzt sicher abgeholt. Was meinst du, Barthel, ob wir sie noch mal wiedersehen?"

---

kapitulieren – mit dem Kämpfen aufhören und erklären, daß der Gegner gesiegt hat
Er wurde abgesetzt. – Er durfte nicht Kommandant bleiben.

„Klar, Hans, ganz bestimmt, die Nazis gibt es nicht mehr
40 lange, hast du selbst gesagt. Und die Cilly ist klug, die
wird denen irgendwas erzählen, die redet sich raus."
„Meinst du?"
„Ganz sicher."
„Hör mal, Bartholomäus Schink", rief Roland vom Bett her.
45 „Ich hab mal 'ne Aufgabe für dich."
Irgendwie machte es Barthel wütend, wenn der andere
seinen Namen so aussprach. Roland griff unter das Bett
und holte eine Gitarre hervor. Barthel staunte. Wo der die
wohl herhatte? Er war doch gar kein Edelweißpirat. Na,
50 egal.
„Spiel was", sagte Roland und strich sich über den schwarzen Schnurrbart. „Mal hören, ob ihr Edelweißpiraten spielen könnt."
„Du wirst dich wundern", sagte Barthel. „Also, ich singe
55 euch jetzt mal das Lied vom Westwall. Das singen die da
beim Schanzen, wenn die Posten mal nicht in der Nähe
sind. Es ist das Lied von denen, die das alles nicht mehr
wollen, den Krieg, das Schanzen und das Sterben. Wenn
ihr wollt, können wir es ja nachher zusammen singen."
60 Barthel sang, spielte noch ein paar Akkorde und legte
dann plötzlich die Gitarre zur Seite. Keiner sagte etwas.
Ob es den anderen auch so geht? dachte Barthel. Manchmal fühlte er sich furchtbar. Auch jetzt wieder. In solchen
Augenblicken dachte er an die Pläne, die sie früher am
65 Lagerfeuer hatten. Große Reisen wollten sie machen, er
und Bubes. Nicht nur für 15 Pfennig zum Königsforst. Sie
hatten an Hawaii gedacht oder an Samoa, mindestens
aber an San Francisco oder an New Orleans, wo die Neger
Jazzmusik machten. Sie hätten das bestimmt geschafft.
70 Aber die Nazis hatten ihnen das alles kaputtgemacht. Er,
Barthel, konnte sich jedenfalls etwas Besseres vorstellen
als mit der Pistole gegen diese Verbrecher zu kämpfen.

Aber, es könnte ja sein, vielleicht war ja bald hier alles vorbei und dann...? Ja, das war eben die Frage. Würden
75 sie dann nach Hawaii fahren können? Es wäre schon die beste Lösung, denn wie das Leben in Köln aussehen würde, auch ohne die Nazis, wer wußte das schon...
Einer aus ihrer Gruppe hatte mal vom Sozialismus erzählt, nach dem Krieg würde ein sozialistisches Deutschland
80 kommen, hatte er gesagt. Aber Barthel konnte sich nicht viel darunter vorstellen. Und erst mal war ja sowieso alles kaputt. Auch Bomben-Hans sagte immer, er wolle von den Parteien nichts wissen. Die Leute sollten lieber selbst alles in die Hand nehmen, dann würde am wenigsten
85 Unsinn passieren. Das hörte sich ganz gut an, dachte Barthel, er fand das eigentlich ziemlich vernünftig.
Trotzdem – er konnte sich überhaupt nicht vorstellen, was kommen würde. Nur eins war für ihn klar: Wenn es mit den Nazis vorbei war, würde er mit den anderen zum
90 Märchensee fahren und und dort ein Feuer anzünden, und das Edelweiß würde er offen an der Jacke tragen. Und mehr noch: Er würde öffentlich ein Mädchen küssen, das früher Zwangsarbeiterin war, Wanja. Barthel wußte nicht, wo sie jetzt war. Aber Wanja würde kommen, und
95 sie würden alle gemeinsam singen, so laut und siegesfroh, wie sie nur konnten...

Welche Gefühle haben Sie, wenn Sie von Barthels Zukunftsplänen lesen?

Zu Ihrer Information:
Am 1. Oktober 1944 stand in einer Meldung der Gestapo an den Gestapo-Chef von Köln u. a.:
Günther Schwarz, genannt Büb, Edelweißpirat, wurde zu Hause festgenommen.

Hans Müller, genannt Hänschen, Edelweißpirat, wurde ebenfalls zu Hause gefaßt.
Hans Balzer wurde auf der Flucht erschossen.
Hans Steinbrück, genannt Bomben-Hans, wurde bei einem versuchten Diebstahl angeschossen. Der Großvater von Büb Schwarz brachte ihn zu einem Arzt. Kurze Zeit später war die Gestapo dort.
In dem Gartenhäuschen von Roland Lorent wurden die anderen Mitglieder der Ehrenfelder Gruppe festgenommen:
Bartholomäus Schink, genannt Barthel, 16 Jahre
Franz Rheinberger, genannt Bubes, 17 Jahre
Gustav Bermel, 17 Jahre
Adolf Schütz, genannt Addi, 18 Jahre
Roland Lorent, 24 Jahre

1944
Die Nachricht

Schäng zog langsam die Ruder durchs Wasser. *Boot*fahren machte Spaß. Dreimal um den Aachener See herum hatten er und Fän schon geschafft. Eine richtige Erholung nach dem Lernen in der Schule. Manchmal hatte die 5 Schule allerdings auch ihr Gutes. Wie gestern. Da hatten sie einem Lehrer, so einem richtigen Obernazi, die Fensterscheiben eingeworfen. Das hatte ganz schön Lärm gemacht. Bombenlärm war fast nichts dagegen. Das

---

das Boot – kleines Schiff

Schwein hat uns das Leben wirklich schwer genug
10 gemacht, dachte Schäng.
Bootfahren machte Spaß, aber jetzt war es genug. „Fän, komm, wir machen Schluß", sagte er.
Schäng fuhr auf das Ufer zu, wo der Rest ihrer Gruppe im Gras lag. „Auf geht's." Sie machten sich auf den Weg.
15 „He ihr, kommt doch mal her."
Der Mann in der Zeitungsbude an der Straßenecke rief sie an, als sie schon fast an ihm vorbei waren.
„Ich will euch mal was vorlesen, wovon ihr viel lernen könnt", meinte er.
20 Sie sahen sich an. Sollten sie hingehen? Vielleicht war es besser. Remmler war ein *Verräter,* jeder in der Gegend wußte das. Und sie mochte er besonders nicht, seit damals, vor ein paar Monaten, als die Sache mit seiner Zeitungsbude passiert war.
25 Eines Nachts hatten sie eine starke Kette um Remmlers Zeitungsbude gelegt und sie an einem Wagen der Straßenbahnlinie 13, die daran vorbeifuhr, befestigt. Aus einem sicheren Versteck hatten sie dann beobachtet, wie die Bude hinter der Straßenbahn hergezogen wurde und
30 wie die Nazi-Zeitungen über die Straße flogen.
Niemand hatte ihnen etwas beweisen können. Aber für Remmler war es klar, daß sie das gemacht hatten. Seitdem war er immer ganz blaß geworden, wenn sie an seiner Bude vorbeigingen – nicht etwa vor Angst, sondern vor
35 Wut. Denn die ganze Nachbarschaft hatte wegen der Sache mehrere Tage gelacht. Diesem Remmler geschah recht. Er hatte nicht wenige Leute, die hier wohnten, auf dem Gewissen. Zum Beispiel den alten *KPD*-Mann, der

---

(der Verräter) verraten – ein Geheimnis/ein Versteck/eine Person (bei einem Feind) melden
KPD – Abkürzung für: Kommunistische Partei Deutschlands

auf seine *Anzeige* hin mitten auf der Straße erschossen
40 wurde.
„Ihr könnt ruhig kommen, ich tu euch nichts Böses", sagte Remmler jetzt.
„Kommt, wir gehen hin", meinte Rolf.
„Mal sehen, was er will. Können ja immer noch weglau-
45 fen," meinte Schäng auch.
„Setzt euch hin, da auf die Bank, ich komme raus, ich bin sicher, das interessiert euch."
Remmler öffnete die Tür und stellte sich vor ihnen auf.
„Also Jungens", er faltete eine Zeitung auseinander.
50 „Also: ‚Es hat die Kölner Bevölkerung mit Freude erfüllt, daß die Polizei in den letzten Wochen eine Anzahl von Verbrechern festnehmen konnte und daß mit diesem Gesindel *kurzer Prozeß* gemacht worden ist. Es handelte sich um Berufsverbrecher und geflohene Häftlinge, die
55 glaubten, sie könnten die Zerstörungen durch die feindlichen Bombenflugzeuge zum Stehlen ausnutzen. Aber die Kölner Polizei zeigte, daß sie auch in den Schrecken der Luftangriffe voll und ganz Herr der Lage ist. Ihr schnelles und mitleidloses Handeln ist durchaus im Sinne des
60 Volksempfindens und des Volkswillens. Wer in diesen Zeiten, die so hohe Opfer von jedem einzelnen fordern, das Eigentum eines Deutschen stiehlt, gehört auf dem kürzesten Weg an den Galgen.'
Na, was sagt ihr jetzt?"
65 „Na und", meinte Rolf, „es ist eben viel Gesindel in der Stadt."

(anzeigen) die Anzeige – Meldung bei der Kriminalpolizei; hier: bei der Gestapo
kurzen Prozeß machen – hier: ohne Gerichtsverhandlung und Gerichtsurteil töten (am Galgen aufhängen)

„Genau", sagte Remmler, „und die Ehrenfelder, eure lieben Freunde, sind auch dabei, der Bubes Rheinberger, der Büb Schwarz und dieser Bartholomäus. Steht auch in der
70 Zeitung. Tja, so geht das, wenn aus Kindern langsam, aber sicher Schwerverbrecher werden."
Sie konnten sich kaum bewegen vor Schreck und versuchten, das nicht merken zu lassen.
„Kommt, wir gehen", sagte Schäng leise. Remmler hatte
75 es trotzdem gehört. „Ihr wollt schon gehen?" rief er hinter ihnen her.

Prüfen Sie bitte: Was liest Remmler aus der Zeitung vor? Was behauptet er nur?

Halten Sie es für möglich, daß über Barthel und seine Freunde gar nichts in der Zeitung steht?

1944
Schäng wird verhaftet

Einige Tage später war Schäng auf der Suche nach Fän. Er stieß die offenstehende Wohnungstür auf und rief: „Fän?" Na sowas, wo ist der Kerl denn, dachte er.
Im selben Moment stellte sich ein riesiger Mann vor ihm
5 auf, packte ihn, zog ihn in die Wohnung und brüllte: „Wo ist Ferdi?"
Schäng schluckte und stieß dann heraus: „Das weiß ich nicht."

Da schlug die Faust des Kerls mitten in sein Gesicht.
10 Schäng schoß Blut aus der Nase. Mit voller Kraft stürzte er in den alten Küchenschrank. Der andere holte ihn aus dem Schrank, und er durfte sich auf das Sofa setzen. Eineinhalb Stunden lang wiederholte der Gestapomann dieselbe Frage. Aber Schäng wußte ja wirklich nicht, wo
15 Fän war.
Dann kamen noch drei Gestapoleute. „Mitkommen", befahlen sie kurz.
Schäng mußte vor ihnen hergehen. Die vier hinter ihm hatten Pistolen in der Hand. Er wußte, wenn er jetzt eine
20 unvorsichtige Bewegung machte, dann würden sie sofort schießen.
Es ging ins Gestapo-Hauptquartier Elisenstraße. Dort waren schon einige Edelweißpiraten. In einem alten Opel P4 brachte man Schäng und die anderen schließlich ins
25 Gefängnis Brauweiler.
Niemand hatte Schäng bisher gesagt, was er eigentlich getan haben sollte. Ob es vielleicht doch um die Sache mit der Zeitungsbude ging? Im *Vernehmungszimmer* sah er jemanden am Waschbecken stehen. Er mußte zweimal
30 hingucken, bis er ihn erkannte: Es war Rolf, das Gesicht voller Blut. Er flüsterte Schäng zu: „Mensch, die machen uns alle fertig..." Dann wurde Schäng in eine *Zelle* gebracht. Zu essen bekam er nichts, nur am nächsten Morgen etwas Wasser. Am Nachmittag begann plötzlich
35 ein furchbarer Lärm. Irgend jemand schlug wie verrückt gegen die Zellentür. Vielleicht drei, vier Zellen weiter.

---

jemanden vernehmen; jemand wird vernommen – jemand, der für schuldig gehalten wird, wird von der Polizei befragt
das Vernehmungszimmer – Zimmer, in dem jemand vernommen wird
die Zelle – kleiner Raum für Häftlinge im Gefängnis

„Ich will raus. Ich will raus!" brüllte ein Mann.
Man hörte Stiefeltritte auf dem Gang. Schlüssel klirrten. Jemand sagte kühl und kurz: „Na, geh schon." Zuerst war
40 Stille. Dann fiel ein Schuß. Wieder Stille. Und dann Geräusche, wie wenn etwas über den Boden gezogen wird.
Fän, der inzwischen auch in Brauweiler war und direkt in der Nebenzelle gesessen hatte, erzählte Schäng später,
45 was geschehen war. Der Mann hatte plötzlich doch nicht mehr aus seiner Zelle herausgewollt. Da hatte der SS-Mann ihn herausgeholt und einfach erschossen.

Was sind das für Menschen? Was ist das für eine Zeit, in der Gesetze die Verbrecher schützen? – Solche oder ähnliche Gedanken hat Schäng vielleicht in seiner Zelle.

1944
Edelweißpiraten sind treu

Barthel Schink kam langsam zu Bewußtsein. Langsam kehrte die Erinnerung zurück. Keiner von ihnen hatte mit der Festnahme gerechnet. Sie hatten sich in dem Gartenhäuschen so sicher gefühlt. Und plötzlich war die Gestapo
5 dagewesen. Sie konnten nicht mehr fliehen. Bubes hatte noch versucht, an seine Pistole zu kommen. Aber die hatten aufgepaßt. Sie waren in den Polizeiwagen geprügelt worden.

Von da an wußte Barthel nicht mehr viel. Eine Stunde
10 hatten sie auf ihn eingeprügelt. Kein Wort war dabei gesprochen worden. Sie hatten nur geprügelt. Dann wurden sie alle die Treppe hinuntergestoßen. Da hatte er wieder das Bewußtsein verloren.

„Sie haben kein Mitleid," sagte Barthel vor sich hin. Er
15 *horchte,* hielt den Atem an. Wie aus weiter Ferne hörte er ein leises Singen – die Melodie „Ich möchte ein kleines Püppchen, süß und reizend wie du ..." Das war Hans. Der war also auch hier unten, im Gestapokeller, wo sie schon so viele umgebracht hatten.

20 Früher waren sie öfter hier in der Gegend gewesen. Hier, um den Appellhofplatz herum, gab es auch eine Edelweißpiraten-Gruppe. Einige der Leute, die hier wohnten, hatten eine Zeitlang in den Hof des Gestapo-Hauptquartiers sehen können. Sie hatten erzählt, daß die Nazis
25 manchmal drei oder vier Menschen täglich am Galgen aufhängten, einfach so, ohne Gerichtsverhandlung, ohne Urteil. Sie hatten auch Schüsse gehört – da wurden Festgenommene einfach erschossen.

Barthel drehte sich auf die Seite und blickte gegen die
30 Zellenwand. Undeutlich, manchmal aber auch gut lesbar standen da Inschriften, Zahlen und Daten von Menschen, die sie vor ihm hier eingesperrt hatten. Wo die wohl geblieben waren? Mit Mühe begann Barthel, eine der Inschriften zu lesen. Das dauerte. Schließlich hatte er es:
35 „Wenn keiner an dich denkt. Deine Mutter denkt an dich."

Tränen kamen ihm in die Augen. Er wischte mit dem Ärmel über das Gesicht. Nach einigen Minuten begann er, mit dem Daumennagel Buchstaben in die weiße Farbe

---

horchen – genau hinhören

40 der Mauer zu schreiben. Einen nach dem anderen. Er zählte noch einmal nach. Es waren 23. Keiner mehr. „Edelweißpiraten sind treu."

*

Verstehen Sie, warum gerade dieser Gedanke für Barthel jetzt so wichtig ist?

Inschrift an der Zellenwand des ehemaligen Gestapo-Hauptquartiers in der Elisenstraße

1944
Barthel wird *gefoltert*

Laut drehte sich der Schlüssel im Schloß. Barthel schreckte hoch. – „Schink, mitkommen."
Barthel stand langsam auf. Er war unsicher auf den Beinen, sämtliche Knochen taten ihm weg.
5 „Na wird's bald?"
Der riesige Kerl, Hoegen hieß er, drohte mit einem Gummiknüppel. Barthel wußte, daß das Ding mit Metall gefüllt war. Er beeilte sich, aus der Zelle zu kommen. Als er an Hoegen vorbei ging, gab der ihm einen Tritt in den Hin-
10 tern. Barthel stürzte gegen eine Steintreppe, schlug mit dem *Kinn* auf. Aus einer großen Wunde floß Blut.
„Los, Kleiner, auf, auf, rauf mit dir, wir wollen ein wenig mit dir reden."
Barthel ging halb bewußtlos die Treppe hinauf. Hinter
15 sich hörte er wie aus dem Nebel den Befehl von Hoegen: „Rechts um..." Dann riß der irgendwo eine Tür auf und stieß ihn in ein Zimmer.
„Setz dich. Zigarette?"
Diesmal kam die Stimme nicht von Hoegen, sondern von
20 einem Mann, der hinter einem Schreibtisch stand und gelangweilt mit einem Bleistift spielte.
„Bitte", sagte er und zeigte auf einen Stuhl vor dem Schreibtisch, „setz dich. Ich möchte dir einige Fragen stellen. Übrigens, du bist doch gut behandelt worden?"
25 Barthel glaubte zu erkennen, daß der Mann ärgerlich zu Hoegen hinüberblickte, als er die große Wunde an seinem Kinn entdeckte.

---

foltern – starke körperliche (und seelische) Schmerzen zufügen
das Kinn – unterster Teil des Gesichts

„Es geht dir also gut", stellte er dann freundlich fest.
Barthel nickte und sagte: „Es geht."
30 „Na schön", sagte der hinter dem Schreibtisch. „Ich bin Kriminalassistent Schneider. Ich werde dich vernehmen. Fräulein Klein?" Er blickte zu einem zweiten, etwas kleineren Schreibtisch, an dem ein Mädchen saß. „Also, Fräulein Klein, Sie sind bereit? Dann wollen wir mal anfan-
35 gen." Der Mann wendete sich Barthel zu. „Name?"
Barthel dachte, eigentlich ist der ganz nett. Vielleicht wird es gar nicht so schlimm. Mit lauter Stimme sagt er dann:
„Schink."
„Vorname?"
40 „Bartholomäus, genannt Barthel."
„Beruf?"
„Ich mache eine Lehre."
„So, du machst eine Lehre, was du nicht sagst. Was verdienst du denn?"
45 „15 Mark wöchentlich."
„Aha", sagte der am Schreibtisch. „Wo wohnst du?"
„In der Keplerstraße 33."
„Religion?"
„Römisch-katholisch, aber ich bin nicht gläubig."
50 „So, na gut. Tja, Schink, wie ist das denn, warum, meinst du, bist du hier?"
„Ich weiß nicht, wir haben uns getroffen, und auf einmal war überall Polizei..."
Barthel hörte hinter sich ein Geräusch und wollte sich
55 umdrehen. Da fühlte er einen scharfen Schmerz im Rükken. Die Luft blieb ihm weg, er fiel vom Stuhl.
Hoegen lachte im Hintergrund. „Warum fällt der denn hin", hörte Barthel ihn sagen. „Diese jungen Leute, keine Kraft mehr in den Knochen, fällt der einfach vom Stuhl.
60 He, du, aufstehen!"
Hoegen packte Barthel an der Schulter. Barthel konnte

sich kaum rühren, er war fast bewußtlos vor Schmerzen. Hoegen packte ihn, hob ihn hoch und setzte ihn auf den Stuhl.

65 Du mußt aufpassen, dachte Barthel, die wollen dich fertigmachen, vorsichtig sein, nichts sagen, vorsichtig. Der hinter dem Schreibtisch, Schneider, *fuhr fort:* „Wo waren wir stehengeblieben? Du hast gesagt, du weißt nicht, warum du hier bist. Ich will dir mal einen Grund nennen. Wir 70 haben bei dir nämlich eine kleine Pistole gefunden. Na, da staunst du, was? Was wolltest du denn mit der Pistole machen?"

„Nichts, die hab ich gefunden. Ich wollte sie am nächsten Tag zum Polizeirevier bringen."

75 „Dachte ich mir, die anderen Waffen sicher auch."

„Welche anderen?" rief Barthel. Mein Gott, dachte er, die haben das Versteck gefunden.

„Ja, da staunst du, was? Wir haben bei dir zu Hause auch noch drei Maschinenpistolen entdeckt, willst du die 80 Marke wissen? Ich sage sie dir: MP 43,0 Kaliber 7,92. Da waren auch noch zwei halbautomatische Gewehre."

„Davon weiß ich nichts!" rief Barthel. Er sprang trotz der furchtbaren Schmerzen vom Stuhl und schrie: „Nicht schlagen!" Aber er konnte gegen Hoegen nichts machen. 85 Der Riese kam immer näher und warf ihm mit aller Kraft einen *gläsernen* Aschenbecher ins Gesicht. Barthel wurde schwarz vor Augen.

Dann wußte er nichts mehr.

Ob Hoegen sich irgendwann danach an einen 16jährigen Jungen erinnern wird, der Bartholomäus Schink hieß?

---

fortfahren – hier: weitersprechen
gläsern – aus Glas

1944
Fluchtversuch

Bomben-Hans erinnerte sich an jeden Satz seiner Aussage. Er war schwach geworden. Sie hatten ihn kleingekriegt.

Es gab keine Stelle seines Körpers, die nicht schmerzte, 5 nicht grün und blau war. Sie hatten brennende Zigaretten auf seinem Rücken ausgedrückt, ihn auf die Geschlechtsteile geschlagen und auf das verletzte Bein, dahin hatten sie mit Vorliebe gezielt. Es blutete wieder. Er hatte ein Stück alte Decke um das Bein gewickelt, um die Blutung 10 zu stoppen. Ich muß Widerstand leisten, sagte er sich immer wieder.

Im *Vernehmungsprotokoll* von Hans Steinbrück stand: „Ich war der Führer des Unternehmens, und verteilte ich die *Beteiligten* so: Schink, Müller, Rheinberger und ich 15 stiegen in den DKW, den ich fuhr. Rehbein, Schütz, Lorent, Balzer, Bermel nahmen in dem Mercedes-Wagen Platz. Balzer fuhr diesen Wagen. Außer Bermel hatten alle Beteiligten Waffen. Rheinberger bekam von Lorent einen *Karabiner*, ebenso bekam Rehbein von Müller einen Kara- 20 biner mit 10 Schuß *Munition*. Es kann auch mehr gewesen

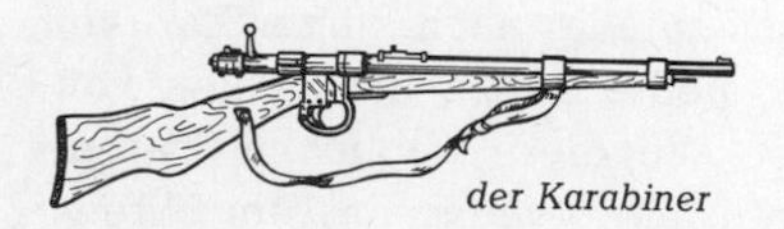
der Karabiner

die Munition

das Vernehmungsprotokoll – die mitgeschriebene Aussage
der/die Beteiligte – Person, die bei einer Handlung mitmacht

sein. Alle übrigen hatten Pistolen mit genügend Munition. Die Waffen hatte jeder selbst, und habe ich niemand eine Waffe zu besorgen brauchen. Vor der Abfahrt habe ich nochmal erklärt, daß sich beide Wagen vor dem Hause
25 Schönsteinstraße 7 treffen und dort plötzlich halten müßten. Auf meinen Befehl hin sollte dann in die Wohnung gerannt, die Polizeibeamten dort mit der Waffe in der Hand bedroht und die Cilly auf diesem Wege befreit werden. Ich gab auch die Anordnung, daß im Falle eines
30 Widerstandes alles niedergeschossen werden sollte. Wir fuhren dann los, jedoch klappte diese Sache nicht, denn der Mercedes-Wagen fuhr an der Schönsteinstraße vorbei, ohne zu halten und auf meinen Wagen zu warten. Ich hörte einige Schüsse, und erfuhr ich später, daß Lorent
35 diese Schüsse gegen meinen Befehl abgegeben hatte. An der Ecke Schönstein- und Marienstr. hielt der Mercedes-Wagen an. Dort traf ich mit ihm zusammen. Lorent stand vor dem Wagen und schoß in die Gegend des Hauses Schönsteinstr. 7. Dieses war das Zeichen für uns, nun auch
40 auf das Haus zu schießen. Wir blieben dabei im Wagen. Ich sage ausdrücklich, daß wir alle geschossen haben, außer Rheinberger und Rehbein, die aus dem Wagen mit dem Karabiner nicht schießen konnten. Es ist allerdings möglich, daß diese später ebenfalls geschossen haben.
45 Wie oft ein jeder von uns geschossen hat, kann ich nicht mehr sagen. Ich habe 5–6 Schuß aus meiner Armeepistole geschossen. Nach dieser Schießerei fuhr jeder Wagen für sich los und trafen wir uns zufällig nach kurzer Zeit am Siemarplatz wieder. Hier stellte Balzer das Fehlen von
50 Rehbein und Müller fest. Wo diese geblieben waren, wußte niemand. Wir fuhren nun gemeinsam zum Ehrenfelder Bahnhof. Dort stiegen Lorent und ich aus. Lorent erklärte, auf den *Bahndamm* gehen zu wollen, um von dort aus in das Haus Schönsteinstr. 7 zu schießen. Hiermit

55 war ich einverstanden. Ich nahm von Rheinberger den Karabiner. Lorent nahm 3 Pistolen mit. Die Wagen fuhren dann ab und haben wir uns für eine spätere Stunde in dem Gartenhäuschen verabredet. Ich ging mit Lorent auf den Bahndamm. Von dort sahen wir vor dem Haus Schön-
60 steinstr. 7 HJ-Leute, etwa 20–30 Männer, stehen. Lorent wollte sofort in diese Männergruppe schießen, jedoch hinderte ich ihn daran. Als die HJ nach einiger Zeit ging und nur noch 2–3 Männer stehenblieben, gab ich den Befehl zu schießen. Ich schoß mit meinem Karabiner 9

der Bahndamm

65 Schuß auf die Männer. Ob ich getroffen habe, kann ich nicht sagen. Lorent gab etwa 30 Schuß ab. Auch in diesem Falle kann ich nicht sagen, ob Lorent jemand getroffen hat. Ich erkläre, daß wir nicht gehört haben, daß jemand um Hilfe gerufen hat."
70 Bomben-Hans biß die Zähne zusammen. Es war jetzt Nacht. Immer wieder kamen das Weinen und die Schreie

der anderen in seine Zelle. Er selbst schrie nicht. Er zerbiß den Schmerz auf der Zunge, sie war schon ganz blutig. Noch hatte ihn niemand schreien hören. Noch hatte er
75 nicht geschrien. Und es sollte auch nicht dazu kommen!
Bomben-Hans stand schnell auf. Mit zwei Schritten erreichte er die Zellentür. Er hob beide Fäuste und schlug wie verrückt an die eiserne Zellentür. Immer wieder. Wie automatisch. Als hätte er alles lange vorher geplant.
80 „Hilfe!" brüllte er, „Hilfe, ich sterbe, Hilfe, so helft mir doch."
Schritte kamen näher. Warum geht das nicht schneller, dachte er, warum geht das nicht schneller?
Er wußte, daß jetzt keine Gestapo im Haus war. Mitten in
85 der Nacht machten die feinen Herren Pause. Die Schritte stoppten vor seiner Zellentür. Der Schlüssel drehte sich im Schloß, die Tür öffnete sich. Ein alter Mann, dachte Bomben-Hans. Aber weiter dachte er nicht.
Der *Wärter* hatte einen kranken Häftling erwartet. Statt
90 dessen wurde er von einer kräftigen Faust gepackt, in die Zelle gezogen. Bomben-Hans hob die Hände und ließ sie auf den Wärter niederschlagen. Der Wärter fiel zu Boden.
Bomben-Hans verlor jetzt keine Sekunde. Er griff nach
95 dem *Schlüsselbund* des Wärters, rannte über den Gang auf die erste Tür zu. Fünf Meter weiter war das große Eisentor, dahin mußte er. Verflucht noch mal, wo war der richtige Schlüssel? Er stieß nun schon den zweiten ins Schlüsselloch. Wieder der falsche. Jetzt der dritte. Das
100 mußte er sein. Bomben-Hans atmete auf. Der Schlüssel paßte.

---

der Wärter – hier: Aufpasser im Gefängnis
der Schlüsselbund – mehrere Schlüssel an einem Ring

In dem Augenblick, als er die Tür in den Innenhof aufstoßen wollte, traf ihn ein Schlag. Was dann geschah, merkte er nicht mehr. Sie trugen den blutenden Hans in seine Zelle zurück. Der Wärter stand gerade auf. Ein SS-Mann führte ihn weg. Die Zellentür schloß sich.

*

Die Sekretärin hat die Aussagen von Hans in einem Protokoll festgehalten. Vergleichen Sie das Vernehmungsprotokoll mit dem Kapitel „Befreiungsversuch" (Seite 64). Was ist anders?

1944
Frauen in Gestapohaft

In der gleichen Nacht mußten alle Frauen im benachbarten Teil des Gefängnisses heraustreten. Die Kleidung mußte in der Zelle bleiben. Nackt mußten sie sich in einer Reihe aufstellen. Ganz rechts stand Cilly, die vor kurzem auch hierhergebracht worden war. SS-Männer gingen die Reihe der Frauen entlang und betrachteten sie wie Vieh. Dabei sprachen sie wie bei einer gemütlichen Unterhaltung miteinander.
„Was sollen wir mit ihm machen?"
„Erschießen?"
„Aufhängen?"
Die Frauen wußten nicht, daß Bomben-Hans versucht hatte, zu fliehen.

Und eigentlich war auch alles wie immer. Cilly war noch nicht lange hier, aber sie hatte inzwischen Furchtbares kennengelernt. Tag und Nacht hörte sie die Männer brüllen. Manchmal wurden die Frauen an den Vernehmungszimmern vorbeigeführt. Was ihnen da in die Ohren kam, hörte sich an, als würde dort jemand umgebracht. Sie sahen auch zerschlagene Gesichter. Einige von Cillys Zellennachbarinnen hatten es nicht mehr ertragen können. Frau Breuer hatte sich erhängt, auch Maria, die Polin; bei Frau Hüppeler war der Strick zu früh gerissen. Cilly hatte auch gesehen, wie einer der Männer drüben vor Angst aus dem zweiten Stock gesprungen war.

Sie blickte die SS-Männer an. Sie fühlte nicht, daß sie nackt war. Sie konnten ihr nichts mehr tun. Denn das Schlimmste hatte sie schon hinter sich.

Es war an einem jener Vormittage gewesen, an denen die Männer im Gefängnishof waren. Da stand plötzlich unter ihren Fenstern ein Junge, fast noch ein Kind. Er fragte, ob jemand wüßte, wo Frau Breuer sei. Wie er dort hingekommen war, konnte sich nachher niemand erklären.

„Die ist schon seit zwei Wochen tot, Junge. Sie konnte es nicht mehr aushalten. Hat sich aufgehängt, die arme Frau", sagte eine von Cillys Zellennachbarinnen.

Das war zuviel für den Jungen, er drehte durch. Er schrie furchtbar, fiel zu Boden und schlug mit den Händen wie verrückt auf die Steine.

Mein Gott, dachte Cilly, du armer Kerl. Es ist doch gar nichts Besonderes mehr, wenn hier einer stirbt.

SS-Leute kamen, schlugen dem Jungen mit dem Gewehr in den Rücken und zogen ihn weg.

Am nächsten Tag erfuhr Cilly, daß es der Sohn von Frau Breuer gewesen war.

„Rechts um, marsch, ab in die Zellen", brüllte jetzt einer der SS-Männer.

Sie drehten sich um und gingen schweigend in die Zelle zurück. Cilly legte sich auf die *Pritsche* und legte die durchlöcherte Decke um sich.

Warum behandeln die uns so? überlegte sie. Die Jungen haben recht gehabt mit ihrem Kampf. Manchmal hatte sie gedacht, die Jungen sahen alles zu schlimm. Und nun waren sie fast alle erwischt worden. Hans Balzer hatten sie in den Kopf geschossen, nachdem ihm die Flucht fast geglückt war. Und Bomben-Hans war schwer verwundet. Erst als er nicht mehr konnte, hatten sie ihn gekriegt. Auch Barthel war jetzt hier. Cilly war ihm zufällig auf einem der Gänge begegnet. Wie der ausgesehen hatte – voll Blut, zusammengeschlagen. Dabei war er erst sechzehn!

Und auch die Älteren hatten nicht fliehen können, zum Beispiel Peter, der manchmal so ein Zeug geredet hatte, von Marx und Lenin und von Nietzsche. Cilly wußte auch, daß es Häftlinge gab, die von den Wärtern besser behandelt wurden. *Konrad Adenauer* zum Beispiel. Die bekamen gutes Essen, am Tag waren ihre Zellentüren offen, bald würden die bestimmt freigelassen. Waren das bessere Menschen als Bomben-Hans, als Barthel, Schäng oder Büb Schwarz oder sie, Cilly, dachte sie?

„Es ist doch gar nichts Besonderes mehr, wenn hier einer stirbt." – Vielleicht fragen Sie sich auch: Könnte ich das ertragen, was Cilly im Gefängnis Brauweiler ertragen muß?

---

die Pritsche – einfaches Bett
Konrad Adenauer – Von 1917 bis 1933 Oberbürgermeister von Köln; wurde von den Nazis aus allen Ämtern entlassen; war von August bis November 1944 im Gefängnis; von 1949 bis 1963 war er Bundeskanzler der Bundesrepublik Deutschland.

1944
Barthel und Schäng

Schäng war gerade eingeschlafen, da schreckte er hoch. Irgendwo schrie einer, ein langer Ton, der dann ein hohes Weinen wurde. Aber davon allein war er nicht wach geworden. Irgend jemand hatte gepfiffen.
5 Schäng trat an das kleine Zellenfenster, öffnete es und blickte hinaus. Es war finster. Irgendwo im Dunkel gegenüber war die Gefängnismauer. Wieder ein Pfiff. Diesmal erkannte Schäng, woher er kam. Von schräg oben. Wieder pfiff es. Nicht sehr laut, gerade so, daß man es vielleicht
10 fünf, sechs Meter weit hören konnte.
„He, was ist?" flüsterte Schäng nach draußen. „Wer bist du?"
„Barthel, und du?"
„Schäng."
15 „Mensch, Schäng, du bist es!"
Schäng horchte. War das wirklich Barthel? An der Stimme konnte er ihn jedenfalls nicht erkennen. Barthel hatte eine andere Stimme.
Schäng überlegte. Das mußte Barthel sein, trotz der
20 Stimme. Weiß Gott, was sie mit ihm gemacht hatten. Er selbst lag in Zelle 4, neben ihm hatten sie seinen Freund Fän eingesperrt. Barthels Zelle mußte schräg links über ihm sein.
„Schäng", flüsterte die Stimme wieder, „hörst du mich?
25 Sag doch was!"
Schäng fühlte, wie ihm kalt wurde. Die Stimme hörte sich furchtbar an. „Mensch, Barthel, wir haben schon gehört, daß sie dich und die anderen Ehrenfelder erwischt haben." Er drückte sich so nahe es ging an das Fenster
30 und horchte nach oben.

„Der Bubes ist hier nebenan", flüsterte Barthel. „Ich glaube, der ist schon tot, der sagt nichts mehr. Ich hab ihn schon ein paarmal gerufen, aber der antwortet nicht." Barthel schwieg. Schäng glaubte ein leises Weinen zu
35 hören. Dann flüsterte Barthel: „Schäng, hörst du, Schäng. Ich mußte dich verraten, hörst du, ich hab dich verraten, ich konnte nicht mehr. Sie haben mich geschlagen. Ich habe es nicht mehr ausgehalten. Ich bin ein Schwein, Schäng. Ich hätte nicht gedacht, daß ich jemals einen von
40 uns verraten könnte. Aber ich habe es gemacht..."
Schäng war zutiefst erschrocken. Nicht, weil er verraten worden war. Er wußte ja, wozu die Schläger der Nazis, dieser Hoegen und die anderen, fähig waren. Da konnte jeder schwach werden. Aber Barthel? Was mußten sie mit
45 ihm gemacht haben, bis er gesprochen hatte? Denn Barthel war immer der Mutigste gewesen, einer, der wegen seines Mutes auch bei den Stärkeren und viel Älteren geachtet war. Und jetzt?
Wieder hörte Schäng seinen Namen rufen. „Ich hab alle
50 Namen gesagt. Schäng, meinst du auch, daß Bubes tot ist, der meldet sich nicht mehr..."
Schäng fühlte es eng werden im Hals. „Quatsch", sagte er, „der schläft bestimmt, so'n Verhör bei den Schlägern kostet eben viel Kraft." Er versuchte, seine Worte über-
55 zeugend klingen zu lassen. „Barthel, denk nicht mehr daran. Die haben sowieso alles gewußt. Die haben bestimmt schon vorher alle Namen gekannt."
„Meinst du?" kam es leise von oben. „Schäng, ich hab gesagt, du und Fän, ihr hättet Waffen auf der Insel im
60 Lidosee vergraben. Sie haben mir Zigaretten auf dem Rücken ausgedrückt, bis ich es..."
Schäng versuchte zu lachen. „Na und, da werden sie aber kein Glück haben. Es sind doch keine Waffen da."

„Trotzdem", sagte Barthel, „ich hab gesagt, ihr hättet dort
65 Waffen versteckt und *Handgranaten.*"
„Sollen sie nur hingehen und suchen, da ist nichts", sagte Schäng.
Einen Augenblick war es totenstill. In der Ferne sah Schäng einen hellen Schein. Über Köln wurde der Him-
70 mel rosarot.
„Schäng, sie haben mich dahin gebracht. Ich hab die ganze Insel umgegraben, überall hab ich Löcher gemacht..."
„Aber es war nichts da, stimmt's?" lachte Schäng leise.
75 „Ja, es war nichts da, sie wollten mir aber nicht glauben, ich mußte immer weitergraben. Ich wollte nicht wieder geschlagen werden."
Irgendwo draußen im Flur hörte man Schlüssel. Sie konnten nicht weiterreden.
80 „Verlier nicht den Mut, Barthel", sagte Schäng, „da kommt jemand."
Wahrscheinlich war es nur einer der alten Wärter, vor denen man eigentlich keine Furcht haben mußte.
„Gute Nacht, Schäng", hörte er Barthel flüstern. „Du bist
85 mir doch nicht böse?"
„Quatsch. Mir hat mal einer gesagt, am besten alles *zugeben,* dann kommt man bald wieder raus."

Haben Sie verstanden, worüber Schäng am meisten erschrocken ist? – Wie denken Sie darüber?

---

die Handgranate – Waffe, die mit der Hand geworfen wird und dann explodiert
zugeben = gestehen – eine Schuld mitteilen

1944
Ich gestehe

Barthel lag ganz still auf der Pritsche. Nur nicht bewegen, dachte er. Alles tat ihm weh. Mit der Zunge fuhr er vorsichtig über die trockenen Lippen. Die blonden Haare hingen über die dunklen Stellen, die sich auf seiner Stirn
5 gebildet hatten. Vor seinen Augen waren Farben, grau, manchmal rosa, manchmal wurde es ganz schwarz. Wenn er schluckte, schmeckte er Blut.
Sein Vater ist gekommen. Er sitzt in der Küche auf dem Sofa und sagt immer wieder: Das sind die Mörder. Das
10 sind die Massenmörder.
Warum schlagen sie mich denn so? Ich sage doch alles. Jawohl, ich heiße Bartholomäus Schink, wohnhaft Keplerstraße in Ehrenfeld. Jawohl, ja, römisch-katholisch, ich bin römisch-katholisch, bitte nicht schlagen, ich gebe zu, ich
15 bin das drittälteste von sechs Geschwistern. Ich weiß, mir ist bekannt, warum Sie mich vernehmen. Ich habe begriffen, daß Lügen keinen Zweck hat, jawohl, ich werde in allen Punkten die Wahrheit sagen.
Ich gebe zu, daß ich zu den Edelweißpiraten gehöre. Ich
20 gebe zu, daß wir verbotene Lieder gesungen haben. Ich gebe zu, daß Bubes mein Freund ist. Ich gebe zu. Ich kann das nicht zugeben. Ich habe in der Schönsteinstraße nicht geschossen. Der Roland, der Hans. Doch, ich gebe zu, daß ich in der Schönsteinstraße aus dem Auto einen Schuß aus
25 dem Karabiner abgegeben habe. Nein, ich weiß nicht, ob ich jemand getroffen habe, ich weiß es nicht. Ich gebe es zu, daß ich es nicht weiß, ich möchte es glaubhaft machen, wenn ich darf. Jawohl, zugeben. Ich gebe zu, in der folgenden Nacht an dem versuchten Diebstahl der
30 Sprengmittel und Bomben beteiligt gewesen zu sein. Mir

ist bekannt, daß auf dem Weg noch ein PKW gestohlen worden ist, da war ich jedoch nicht dabei. Ich gebe zu, daß mit den Sprengmitteln das Hauptquartier der Gestapo zerstört werden sollte, um so den Krieg schneller zu Ende
35 zu bringen. Ja, alle sollten daran beteiligt sein, ich gebe es zu, alle ohne Ausnahme.
Was ich noch weiß? Ich sage alles, restlos alles. Was ich weiß? Waffen? Waffenlager? Ja, das ist richtig, auf der Lidoinsel, 2 Karabiner ohne Munition, eine Zigarrenkiste
40 mit 7,65er Munition, 7 bis 8 Handgranaten, alles auf der Lidoinsel, in einem Graben, 2 Meter lang, ebenso breit, ein Meter tief, ja, ich habe von Schäng davon erfahren, ich gebe zu, Schäng hatte eine Pistole, 08. Schäng galt als Führer der Edelweißpiraten in Sülz...
45 Habe ich wirklich alles zugegeben? Ohne etwas wegzulassen?
Hans, sag du es, war ich perfekt, hab ich den Auftrag gut ausgeführt? War ich gut?
Zeig mir noch einmal das rote Päckchen, erzähl mir noch
50 einmal, wie es war, als du es bekommen hast. Ich weiß, es war ein Stück *tätowierte* Haut in einem roten Päckchen, du mußt es wissen.
Jawohl, mir ist bekannt, ich gebe zu, daß mir bekannt ist, daß dieses Stück tätowierte Haut vom Körper eines toten
55 Juden genommen wurde. Jawohl, zu Befehl, ein Stück vom Arm. Ich weiß, es kommt von weit her, aus Buchenwald. Ich gebe zu, ich habe gehört, es war Ilse Koch, die Frau des Lagerleiters Koch, die den Juden mit einer Spritze tötete und sich ein Stück Haut herausschneiden
60 ließ. Jawohl, das machte sie oft, ließ sich Handtaschen davon machen oder Brieftaschen. Ich weiß es wirklich nicht genau, ob sie sich nun Handtaschen oder Briefta-

---

tätowieren – mit einer Nadel Figuren in die Haut zeichnen

schen machen ließ. Aber es stimmt, daß Bomben-Hans den Beweis mit sich trug. Das Stück Haut. Wir werden die
65 Beweise bringen. Hört auf, ihr Hunde, was wollt ihr von mir, ich gebe doch alles zu.
Die Schmerzen im Magen hörten nicht auf. Sie schlugen nicht mehr ins Gesicht, sondern nur noch auf den Körper. Damit nichts zu sehen war. Bei jeder kleinsten Bewegung
70 zog der furchtbare Schmerz vom Magen her bis in den Kopf.
Nur halb fühlte Barthel den Schmerz, nur halb wußte er, wo er war, in der Zelle. In seinen Gedanken war er weit weg von hier.
75 Er ist jetzt schon sehr alt, trägt einen langen, weißen Bart. Der Frühling liegt lange zurück, alles ist friedlich. Seine Gitarre ... Hoffentlich geht Addi gut mit ihr um. Die Mutter steht am Herd, warme Erbsensuppe – o mein Gott, warme Erbsensuppe, drüben am Märchensee, das kleine
80 Lagerfeuer brennt, sie sitzen im Kreis, singen, spielen Gitarre. Die Wehrmacht ist nach Rußland marschiert. Au, Mann, da müssen wir bald zu den Soldaten – nein, das machen wir nicht.
Drüben brennt es, wir müssen hin, die Leute retten. Mein
85 Gott, die Nazis werden immer schlimmer, man wird doch noch mal ein paar Hitlerjungen verprügeln dürfen.
Wir waren nie gemein, nie zu mehreren gegen einen, niemals.
Wo ist Titti denn? Die hat wirklich nur Jungen im Kopf.
90 Titti, nicht böse sein, wir mußten das machen, es ging nicht anders.
Nein, es ging nicht anders.

Ging es wirklich nicht anders? – Wie denken Sie darüber?

1944
Die *Hinrichtung*

Am Morgen des 10. November 1944 erhielten die Häftlinge von Brauweiler neue Handtücher. Schäng bekam eins, auch Fän und die meisten anderen. Barthel, Bubes, Addi Schütz und noch ein paar bekamen keins. Die wür-
5 den wohl in ein Lager kommen, vermuteten die anderen. Schäng war ein bißchen neidisch, denn im Lager fiel man in der großen Masse der Gefangenen nicht so auf und war den Schlägern nicht mehr so direkt vor Augen. Haben die's gut, war die Meinung aller, die ein Handtuch
10 bekommen hatten. Bomben-Hans, dem man auch kein Handtuch gegeben hatte, grinste. Er freute sich. Das Lager kannte er, da würde es schon eine Möglichkeit zur Flucht geben.
In der Keplerstraße saß Mutter Schink mit Titti am
15 Küchentisch. Viel zu essen hatten sie nicht mehr. Seit Barthel im Gefängnis war, war es noch weniger geworden.
Schon seit Tagen überlegte Mutter Schink, ob sie dem Rat dieses Herrn Schneider folgen und Barthel und die ande-
20 ren anzeigen sollte. Schneider hatte ihr gesagt, Barthel anzuzeigen sei das beste Mittel, ihn zu retten. Die Gestapo würde sonst kurzen Prozeß mit ihm machen.
Titti und die Mutter wurden plötzlich blaß vor Schreck. Die Wohnungstür wurde geöffnet. Ein paar Sekunden
25 später kam Addi in die Küche. Er ging mit unsicheren Schritten auf einen Stuhl zu und setzte sich. Sein Gesicht

---

(die Hinrichtung) hinrichten – aufgrund eines Gerichtsurteils (Todesurteil) töten; hier: töten, ohne daß eine Gerichtsverhandlung stattgefunden hat

war weiß, die Augen weit geöffnet. Er bewegte die Lippen. Aber er brachte kein Wort heraus.
„Addi", sagte die Mutter, „was ist los mit dir, was ist denn
30 passiert? Bist du hingefallen? Hast du dir weh getan?"
Addi bewegte immer weiter die Lippen, aber es war fast nichts zu hören. Titti glaubte, so etwas wie „Hüttenstraße" zu verstehen. Bestimmt hatten sie da wieder Russen aufgehängt, so wie neulich diese elf Zwangsarbeiter, magere
35 Gestalten mit glattrasierten Köpfen. Und dieser dumme Addi mußte unbedingt wieder dahin gehen, und jetzt war ihm schlecht. Sie hatte ihm schon beim letztenmal gesagt, er sollte nicht mehr dahin gehen.
„Was war in der Hüttenstraße? Haben sie wieder Russen
40 aufgehängt?" Titti schüttelte Addi. „Komm, sag was."
Addi hob den Kopf und blickte erst die Schwester an, dann die Mutter. „Barthel... sie haben – Barthel aufgehängt."
Und dann brachen die Worte aus ihm heraus. „Ich wollte
45 gar nicht hin. Sie haben gesagt, ich wäre doch der Bruder von dem einen, und haben mich mit dem Gewehr in die erste Reihe gestoßen. Ich sollte nur gut hingucken, wie mein Bruder, der Schwerverbrecher, aufgehängt wird. Siehst du, hat ein SS-Mann gesagt, jetzt ist es aus mit dem
50 Verbrecher. Das kommt davon, wenn Eltern nicht auf ihre Kinder aufpassen..."
Mutter Schink war inzwischen langsam zur Tür gegangen.
„Das stimmt nicht, Junge, was erzählst du denn da? Solche
55 Sachen sagt man doch nicht einfach so."
„Ich hab ihn gesehen. Er hat mich erkannt. Sie kamen alle aus dem Tor und hatten Ketten an Armen und Beinen. Ich wollte weg. Ich hab geheult und gesagt, ich will weg, aber die haben mir immer mit dem Gewehr in den Rücken
60 gestoßen und mich an den Haaren gezogen und gesagt,

Elf Zwangsarbeiter starben am 25. 10. 1944 in Köln am Galgen.

guck mal, du kleines Kommunistenschwein, du könntest genausogut da hängen, ein Jahr älter, dann wärst du auch dabei."

Mutter Schink stand immer noch an der Tür. „Junge, das
65 kann nicht sein. Barthel ist am Westwall, der ist bestimmt am Westwall zum Schanzen. Wenn er nicht da ist, können sie ihn auch nicht aufhängen..."

„Dann haben sie mich gehen lassen, sie waren alle tot. Und erst als sie tot waren, haben sie das Urteil vorgelesen.
70 Mir ist schlecht geworden. Ich bin umgefallen, Mama."

Mutter Schink war schon auf der Treppe. „Ich werde mal hingehen. Es werden sicher wieder Russen gewesen sein..."

Als Addi schwieg, schrie Titti los. Sie schrie immerzu. Titti
75 wußte, daß Addi die Wahrheit gesagt hatte. Sie hatten Barthel aufgehängt. Mein Gott, warum bloß...

Mutter Schink hatte inzwischen den Hinrichtungsplatz
erreicht. Es standen noch Leute herum. Die meisten
schwiegen. Aber ein paar redeten laut: „Wurde aber auch
80 Zeit. Mußte endlich etwas geschehen. Man war ja seines
Lebens nicht mehr sicher..."
Oben auf dem Bahndamm standen SS-Männer. Sie hatten
Maschinengewehre aufgebaut. Wovor fürchteten die
sich?
85 Mutter Schink trat näher. Sie blickte die Erhängten nach-
einander an. Nein, da ist kein Barthel dabei, so sieht mein
Junge nicht aus, dachte sie. Das ist nicht mein Junge.
Mein Barthel ist kräftig und hat blonde Haare. Gott sei
Dank, er ist nicht dabei, warum sollte er auch, er hat nichts
90 getan, er ist am Westwall und tut seine Pflicht, er ist am
Westwall und verteidigt das Vaterland. Barthel war dort,
wo es seine Pflicht war, wo das Vaterland ihn brauchte.
Sie hatten ihn immer anständig erzogen. Barthel war nicht
böse, wie manche Leute sagten. Gewiß, der Vater fehlte
95 ihm. Von ihr ließ sich der Junge ja nichts mehr sagen.
Daß er oft mit diesen anderen Leuten zusammen war, die
in der Schönsteinstraße wohnten, das war ihr gar nicht
recht. Kommunisten sollten das sein.
„Das kann nur Ärger geben", hatte sie Barthel oft ge-
100 sagt.
Aber er hatte daraufhin immer nur gelacht. „Glaub nicht,
was die Leute sagen, Mama", hatte er sie beruhigt, als sei
er ganz fest überzeugt von dem, was er tat. Wenn der
Vater dagewesen wäre, dann wäre vielleicht doch vieles
105 anders gekommen. Am Westwall war es auch gefährlich.
Viele Jungen waren dort schon erschossen worden.
Jetzt hatten sie hier wieder Russen aufgehängt. Barthel
konnte also nicht dabei sein.
Oder war er es doch, da vorne, mit dem glattrasierten
110 Kopf, so dünn und so schmal...

Mutter Schink erhielt von hinten einen Stoß. „Machen Sie, daß Sie weiterkommen, hier wird nicht geheult. Die Verbrecher haben ihre gerechte Strafe erhalten. Machen Sie, daß Sie weiterkommen."

115 Sie ging zurück in ihre Wohnung. Dort holte sie ein Blatt Papier und schrieb einen Brief an ihren Mann. Er war in Italien an der Front. Mutter Schink schrieb ihm, daß Barthel an einer *Lungenentzündung* gestorben sei.

Mutter Schink hatte Angst, daß der Vater sich umbringen 120 würde, wenn er wußte, daß sein Sohn als Schwerverbrecher in Ehrenfeld vor den Augen der Nachbarn aufgehängt worden war.

Immer wieder sagte Mutter Schink später, daß ihr Sohn zuletzt am Westwall gewesen sei.

125 Aber die Tatsachen sprechen dagegen. Es steht in amtlichen Papieren, daß Barthel auf dem *Judenfriedhof* liegt, irgendwo, im *Massengrab*.

Am 10. November 1944 ist Barthel am Galgen gestorben. Mit ihm Bubes, Addi Schütz, Bomben-Hans...
Nur Fritz, Schäng und Cilly überlebten die Zeit des Nationalsozialismus. Fritz konnte aus einem Lager fliehen; Cilly floh auf dem Transport in ein Lager; Schäng wurde 1945 von den Amerikanern aus einem Lager befreit.

---

die Lungenentzündung – schwere Krankheit
der Judenfriedhof – Ort, an dem tote Juden begraben werden
das Massengrab – großer Graben, in den man viele Tote zusammen hineingelegt hat

1985

Die Nationalsozialisten
haben die Edelweißpiraten
als Kriminelle verfolgt.
Die Bundesrepublik Deutschland,
die 1949 gegründet wurde,
hat Bartholomäus Schink
und seine Freunde
bis heute nicht
als politische Widerstandskämpfer
anerkannt.

Begriffe

**aus der Zeit des Nationalsozialismus,
die für das Verständnis dieses Buches wichtig sind**

Ausländische Rundfunksender

Vom Beginn des Zweiten Weltkriegs an war das Hören ausländischer Rundfunksendungen verboten. Wer den amerikanischen Sender („Ami-Sender"), den englischen Sender BBC (British Broadcasting Corporation) oder Radio Moskau hörte, mußte mit einer Strafe rechnen. Die Strafen für die „Rundfunkverbrecher" wurden immer härter. Gegen Ende des Krieges gab es auch Todesurteile. Trotzdem haben viele Menschen während des Krieges ausländische Sender gehört, um sich über den tatsächlichen Kriegsverlauf zu informieren.

Fremdarbeiter (auch: **Zwangsarbeiter)**

Etwa 12 Millionen Männer und Frauen wurden während des Zweiten Weltkrieges – oft unter Anwendung brutalster Gewalt – aus den von den Deutschen besetzten Gebieten als ausländische Arbeiter in das Deutsche Reich gebracht. Es waren vor allem Polen, Russen, Franzosen, Belgier und Niederländer. Sie mußten meist in der Rüstungsindustrie oder in der Landwirtschaft arbeiten. Die Lebensbedingungen der Fremdarbeiter waren schlecht. Besonders schlecht behandelt wurden Fremdarbeiter aus dem Osten. Sie durften den Aufenthaltsort nicht wechseln, keine deutschen Veranstaltungen und Gaststätten besuchen, keine Radioapparate oder Zeitungen besitzen. Private Kontakte mit Deutschen waren verboten. Liebesbeziehungen zwischen Fremdarbeitern und Deutschen wurden bestraft, gegen Ende des Krieges sogar mit der Todesstrafe.

Gestapo (Abkürzung für: Geheime Staatspolizei)

Aufgabe der Gestapo während der nationalsozialistischen Herrschaft war die totale politische Kontrolle der Bevölkerung. Die Gestapo hatte das Recht, ohne Gerichtsbeschluß Hausdurchsuchungen durchzuführen, Menschen zu verhaften, sie in Konzentrationslager einzuweisen, zu foltern und zu ermorden.
Im Krieg waren Kommandos der Gestapo zuständig für die Deportation der Juden aus allen besetzten Gebieten Europas in die Vernichtungslager der SS.
1944 gehörten über 30 000 Personen der Gestapo an. Chef der Gestapo war Heinrich Himmler.

Hitlerjugend (abgekürzt: HJ)

Zunächst Jugendorganisation der NSDAP. Im Dezember 1936 wurde die HJ zur allein zugelassenen Jugendorganisation erklärt. Auf diese Weise konnte sie die gesamte Erziehung der Jugend außerhalb von Schule und Elternhaus im nationalsozialistischen Sinne beeinflussen. Von 1939 an war die Mitgliedschaft in der HJ und die Teilnahme an ihren Veranstaltungen für alle 10–18jährigen Jugendlichen Pflicht. Die zuständige Ortspolizei hatte den Auftrag, dafür zu sorgen, daß die Jugendlichen dieser Pflicht nachkamen.

Judenverfolgung

Wesentliches Ziel der nationalsozialistischen Politik und Propaganda war es, die Juden aus allen Bereichen der

Gesellschaft hinauszudrängen. Das Feindbild „Jude" wurde in Reden, Büchern, Filmen, Zeitungen, usw. konsequent aufgebaut.
Gleich nach der „Machtübernahme" (1933) stellten Nationalsozialisten Schilder und Plakate auf mit der Aufschrift: „Deutsche! Wehrt Euch! Kauft nicht bei Juden!" Bis 1939 wurden insgesamt 250 Gesetze erlassen, deren Ziel es war, den Juden jede Lebensmöglichkeit in Deutschland zu nehmen. Mit den „Nürnberger Gesetzen" (1935) wurden sie zu „Menschen zweiter Klasse" erklärt. Ehen und Liebesbeziehungen mit Deutschen wurden ihnen verboten. Ihre beruflichen Möglichkeiten wurden sehr stark eingeschränkt. Sie durften an keiner Universität mehr studieren, keinen Führerschein besitzen, keine öffentlichen Kinos, Theater, Konzerte, Sportplätze, Museen usw. besuchen. Ihr Besitz (Häuser, Grundstücke, Betriebe) wurde ihnen weggenommen. Ein Höhepunkt der Judenverfolgung war die „Reichskristallnacht" (siehe dort). Viele Juden gingen ins Exil in die benachbarten europäischen Länder. Mit dem Einmarsch der deutschen Truppen wurden sie dort von den Nationalsozialisten wieder eingeholt. Ab 1941/42 mußten alle Juden den gelben Judenstern mit der Aufschrift „Jude" tragen. Schließlich organisierten die Nationalsozialisten die Ermordung der Juden in Vernichtungslagern. Mit der sogenannten „Endlösung der Judenfrage" war die SS beauftragt.

Konzentrationslager (abgekürzt: **KZ**) / **Vernichtungslager**

Bezeichnung für die in der Zeit des Nationalsozialismus errichteten Häftlingslager. Schon kurz nach der „Machtübernahme" (1933) wurden die ersten Konzentrationslager für die politischen Gegner der Nationalsozialisten (vor

allem Kommunisten und Sozialdemokraten) errichtet. Ab 1934 übernahm die SS den Befehl über die KZ. In den Jahren 1937/38 wurden dann auch andere Personengruppen inhaftiert: sogenannte Asoziale, Homosexuelle, Zigeuner, Juden . . .
Bis zum Beginn des Zweiten Weltkrieges waren Entlassungen aus den Lagern durchaus üblich. Das änderte sich mit dem Beginn des Krieges: Durch die Eroberungen der deutschen Wehrmacht kamen immer mehr Menschen in die Gewalt der Nationalsozialisten. In Vernichtungslagern (z. B. Auschwitz, Treblinka, Sobibor) wurden Millionen jüdischer Menschen ermordet. Es wird geschätzt, daß von 1933–1945 in den Konzentrations- und Vernichtungslagern über 5 Millionen Menschen gestorben sind oder getötet wurden.

Lebensmittelkarten

Während des Zweiten Weltkriegs durfte jede Person pro Monat nur noch eine bestimmte Menge an Lebensmitteln (und Kleidung) kaufen. Die Lebensmittel bekam man gegen Lebensmittelmarken, die auf Karten aufgeklebt waren. Im Laufe des Krieges bekam man immer weniger Lebensmittel zugeteilt. Juden, deren Lebensmittelkarten mit dem Wort „Jude“ gekennzeichnet waren, bekamen noch weniger und durften nur zu bestimmten Zeiten und in bestimmten Geschäften einkaufen. Auch Fremdarbeiter und die in den besetzten Gebieten lebenden Menschen bekamen weniger Lebensmittel als die deutsche Bevölkerung.

Nationalsozialisten

Mitglieder der NSDAP.

Nazis

Abkürzung für Nationalsozialisten; meist als Schimpfwort von den Gegnern gebraucht.

NSDAP (Abkürzung für: **N**ational**s**ozialistische **D**eutsche **A**rbeiter**p**artei)

Die NSDAP wurde 1920 gegründet. Sie verfolgte rassistische, nationalistische und imperialistische Ziele. Ihr „Führer" war Adolf Hitler. Nach der Machtübernahme der Nationalsozialisten im Januar 1933 wurde die NSDAP zur einzigen zugelassenen Partei in Deutschland. Hauptaufgabe der Partei war es, die deutsche Bevölkerung zu erfassen, zu beeinflussen und zu kontrollieren, um die Ziele der Partei durchzusetzen. Die Partei war bis in die kleinsten Gebiete (Häuserblocks) und für fast jeden Lebensbereich der Gesellschaft streng organisiert. Es gab keinen Zwang, in die Partei einzutreten. Die Mitgliedschaft brachte aber häufig berufliche und soziale Vorteile. 1945 hatte die NSDAP ungefähr 8,5 Millionen Mitglieder. Nach dem Ende des Krieges wurde die NSDAP von den Siegern verboten.

Rassenkunde

Die Nationalsozialisten verbreiteten eine wissenschaftlich völlig unhaltbare, menschenverachtende Rassenlehre. Sie behaupteten, es gebe eine hochstehende nordische Rasse und andere Rassen, die weniger wert (minderwertig) seien. Von dem indischen Sanskrit-Wort arya (der Edle) wurde der Rassenbegriff arisch gebildet. Arisch wurde mit nordisch und germanisch gleichgesetzt. Die Nationalsozialisten behaupteten, die Mehrzahl der Deutschen gehöre zur höherstehenden, nordischen Rasse; die jüdischen Menschen stellten sie auf die unterste Stufe. Auch „Neger", „Zigeuner", Polen und Russen erklärten sie zu Untermenschen. Ihre Rassenlehre verbanden die Nationalsozialisten mit der Folgerung, die „stärkere und bessere Rasse" habe das Recht zu herrschen und „die Minderwertigen" zu vernichten. Rassenkunde war ein Unterrichtsfach in den Schulen.

„Reichskristallnacht"

In der Nacht vom 9. zum 10. November 1938 organisierte die NSDAP die Zerstörung vieler jüdischer Geschäfte und Wohnungen in ganz Deutschland. Die Synagogen (die jüdischen Gebetshäuser) wurden in Brand gesteckt, mehr als 20 000 Juden wurden verhaftet und ins KZ gebracht, 91 Menschen wurden getötet. Ziel dieser Terroraktionen war es, die Juden in Angst zu versetzen und sie dazu zu bringen, Deutschland zu verlassen.

SS (Abkürzung für: **S**chutz**s**taffel)

Diese Schutzstaffel war in den Anfängen der NSDAP zum Schutz des „Führers" der NSDAP, Adolf Hitler, gegründet worden. Die SS war die mächtigste und am meisten gefürchtete Organisation während der Zeit der nationalsozialistischen Herrschaft. Sie war unmittelbar Hitlers Befehl unterstellt. Heinrich Himmler, der Chef der Gestapo war auch der Führer der SS.
SS-Männer organisierten den millionenfachen Völkermord in den Konzentrations- und Vernichtungslagern. Mitglieder der SS begingen unzählige Verbrechen in den von den deutschen Truppen besetzten Gebieten.

Zeittafel

30. 1. 1933:
Adolf Hitler wird Reichskanzler.

Bis Ende 1933:
„Machtübernahme" mit ersten Verhaftungen von politischen Gegnern, Verbot der Gewerkschaften, Beseitigung der Pressefreiheit usw. Die NSDAP wird einzige zugelassene Partei.

1935:
Wiedereinführung der allgemeinen Wehrpflicht

Antisemitische „Nürnberger Gesetze"

9./10. 11. 1938:
„Reichskristallnacht"

23. 8. 1939:
Nichtangriffspakt zwischen dem Deutschen Reich und der Sowjetunion („Hitler-Stalin-Pakt")

1. 9. 1939:
Deutschland greift Polen an.

3. 9. 1939:
Frankreich und England erklären Deutschland den Krieg.

April/Juni 1940:
Eroberung von Dänemark und Norwegen

Mai/Juni 1940:
Eroberung von Belgien, Luxemburg, den Niederlanden und Frankreich

August 1940:
Deutsche Luftangriffe auf England

April 1941:
Italien tritt an der Seite Deutschlands in den Krieg ein.

22. 6. 1941:
Deutscher Angriff auf die Sowjetunion

11. 12. 1941:
Kriegserklärung des Deutschen Reiches an die USA

Sommer 1942:
Beginn der Luftangriffe auf deutsche Städte

Januar 1943:
Konferenz von Casablanca: Roosevelt und Churchill fordern die „bedingungslose Kapitulation" Deutschlands.

Die 6. deutsche Armee wird in Stalingrad fast völlig vernichtet.

Propagandaminister Goebbels ruft zum „totalen Krieg" auf.

6. 6. 1944:
Landung der alliierten Truppen in der Normandie

Januar 1945:
Amerikanische und sowjetische Truppen erreichen das Gebiet des Deutschen Reiches.

Februar 1945:
Konferenz von Jalta: Roosevelt, Churchill, Stalin beschließen die Aufteilung Deutschlands in Besatzungszonen und die Verschiebung der polnischen Grenzen nach Westen.

30. 4. 1945:
Hitler begeht Selbstmord.

8. 5. 1945:
Bedingungslose Kapitulation der deutschen Wehrmacht. Ende des Dritten Reiches

Literaturhinweise

Borszat, Martin und Frei, Norbert (Hrsg): Das Dritte Reich. Ursprünge, Ereignisse, Wirkungen. Ploetz, Freiburg/Würzburg 1983

Grimm, Gerhard: Der Nationalsozialismus. Programm und Verwirklichung. Olzog, München/Wien 1981

Kammer, Hilde und Bartsch, Elisabeth: Jugendlexikon Nationalsozialismus. rororo 6288, Rowohlt, Reinbek bei Hamburg 1982

Theilen, Fritz: Edelweißpiraten. Hrsg. und mit einer Dokumentation von Matthias Hellfeld. Fischer boot, Frankfurt/Main 1984

Wir danken Karoline Banten und Wolfgang Schwarz für die freundliche Genehmigung, die Fotos von Bartholomäus Schink (Seite 6), Wanja (Seite 40) und Günther Schwarz (Seite 22) in diesem Buch abzudrucken.
Des weiteren danken wir dem Schwarz-Weiss-Verlag, Köln (Umschlagfoto), dem Bundesarchiv, Koblenz (Seite 51), Alexander Goeb, Köln (Seite 79) und der Vereinigung der Verfolgten des Naziregimes e. V., Köln (Seite 98) für die freundliche Genehmigung zum Abdruck ihrer Fotos.

Grundwortschatz Deutsch

Der Grundwortschatz bietet mehr als 2000 Grundwörter und 3000 idiomatische Wendungen des Deutschen mit ihren zugehörigen fremdsprachigen Entsprechungen. Damit kann man etwa 90 % eines deutschen Normaltextes verstehen.
Die deutschen Wörter sind alphabetisch geordnet. Zum Aufsuchen der fremdsprachigen Wörter befinden sich am Ende jedes Bandes Register in alphabetischer Ordnung.

Grundwortschatz Deutsch – Essential German – Allemand fondamental — Klettbuch
Von H. Oehler — 5196

Grundwortschatz Deutsch – Essential German – Vocabolario base Tedesco
Von H. Oehler und I. Sörensen — 51966

Grundwortschatz Deutsch – Essential German – Alemán fundamental
Von H. Oehler und C. Heupel — 51967

Grundwortschatz Deutsch – Englisch – Arabisch
Von H. Oehler und R. G. Khoury — 51968

Grundwortschatz Deutsch – Englisch – Neuhebräisch
Von H. Oehler und M. Ben Asher, in Zusammenarbeit mit M. Berlinger — 51913

Grundwortschatz Deutsch – Serbokroatisch
Von H. Oehler und T. Matasić — 51981

Grundwortschatz Deutsch in sechs Sprachen (Deutsch – Französisch – Italienisch – Spanisch – Englisch – Russisch)
Bearbeitet von H. Oehler, I. Sörensen, C. Heupel und H. O. Vogt — 51965

Der Grundwortschatz Deutsch wird ergänzt durch das Wiederholungs- und Übungsbuch:

Grundwortschatz Deutsch – Übungen und Tests
Von F. Eppert — 5162

Ernst Klett Verlag